易学秘伝書

～門外不出の陰陽道～

MATSUURA Ganryu

松浦 元龍

監修 松浦 美加

文芸社

私がここに記すのは、将来、家業を継ぐ場合、即戦力となるので覚えておくことです。

これは、秘伝でもあり、家伝として大事に保管して下さい。

自　平成元年三月吉日
　　松浦　元龍
　　　謹　書

他言無用
門外不出

目　次

最初の接客問答……………………………………………………… 8

客が私の運勢は、と言った場合……………………………………… 10

縁談、結婚問題について……………………………………………… 12

事業、商売、適職、適業の場合……………………………………… 17

家相鑑定について……………………………………………………… 18

走人、家出人について、客より鑑定依頼のある場合……………… 21

結婚問題について（縁談）…………………………………………… 23

婚姻関係について……………………………………………………… 24

鑑定方法………………………………………………………………… 27

不倫……………………………………………………………………… 31

病占……………………………………………………………………… 33

登校拒否………………………………………………………………… 34

恋愛問題………………………………………………………………… 35

【秘】…………………………………………………………………… 36

適職、適業について…………………………………………………… 37

生児命名について……………………………………………………… 38

会話のポイント………………………………………………………… 40

事業運、商売運について……………………………………………… 41

恋愛問題について……………………………………………………… 43

鑑定士、予言者（人生コンサルタント）心得……………………… 45

神人合一………………………………………………………………… 47

夫婦問題離婚について………………………………………………… 48

縁談について…………………………………………………………… 50

霊術を進める話の心得………………………………………………… 52

運命鑑定についての話術……………………………………………… 53

嫌いな客の接客方法…………………………………………………… 55

鑑定士心得……………………………………………………………… 56

適職、適業の相談について…………………………………………… 57

鑑定士として霊術の話を進めるポイント…………………………… 59

御神言…………………………………………………………………… 60

進学問題について……………………………………………………… 62

就職問題について……………………………………………………… 63

家出人、行方不明者について………………………………………… 64

ホクロの吉凶…………………………………………………………… 66

易断の極意秘伝………………………………………………………… 67

運勢の盛衰と循環……………………………………………………… 69

周期判別法……………………………………………………………… 70

人相についてのポイント……………………………………………… 71

人一代の守本尊………………………………………………………… 75

守護霊について………………………………………………………… 76

お客様との会話について……………………………………………… 77

運命周期を占う法……………………………………………………… 78

親指のポイント……………………………………………………… 80

鑑定士の心得、接客態度……………………………………… 83

小成八卦の象………………………………………………………… 84

接客方法………………………………………………………………… 85

霊術………………………………………………………………………… 87

浮遊霊（悪霊）…………………………………………………… 88

十二支…………………………………………………………………… 89

黒子（ホクロ）の位置と運勢…………………………… 95

掌（手のヒラ）と指の長さのバランス……………… 97

指…………………………………………………………………………… 98

掌の丘………………………………………………………………… 102

手相術の占い方………………………………………………… 107

三大線の流年図………………………………………………… 113

生命線の出発点（起点）の位置の意味………………… 114

易の六十四卦…………………………………………………… 117

血液型の占い…………………………………………………… 118

愛情に成功する男女の相………………………………… 120

十二支………………………………………………………………… 122

病気について…………………………………………………… 125

生命線の長さについて…………………………………… 127

頭脳線………………………………………………………………… 129

感情線………………………………………………………………… 133

易学秘伝書

最初の接客問答

　何を観られますか、何でも言って下さい。

　客の生年月日を聞き、名前も聞く。（客で名前を言わない場合、そのまま聞き捨てても良い。）

　客の如何なる問題でも、例えば、運勢、縁談、職業、病占であっても、必ず、その客の生まれながらに授かっている運、天命、天運をほめることが大事です。

　例えば天命は、人に信頼されるとか、人に引き立てられるなど、又すべて、何事によらず丸く収まるなど、すべて安泰にして丸く収まると話しますが、現在の運勢は（運命）、弱運、又は、潜運、低帯運、休運、又は逆運、死運、この中の一つを当てはめて話を進めること。

　例えば、弱運とか潜運、逆運とかいった場合、客に対しては貴方の天運は幸せが大きいが、現在の運勢は、すべてが、初め貴方のペースで事が進むが、それも、四分、五分までで、そこで止まり、思うように事がはこばない、初め吉にして、後に凶、みだれると言う。

　したがって、四分目、五分目に、反対されたり、じゃまが入ったりして、目に見えて、手に入りがたし、となる。

　丁度、天命を満月に例えてあるが、貴方の現在の運勢は、月に雲がかかった状態になっています。

　そこで客のすべての問題に対しては、以上のような運勢のため、ここ１年２ヶ月とか、２年、３年（相手によって、決める）、運が悪い。もちろん、健康状態も悪くなり、例えば今月が３月ならば、５月、６月、７月とか、９月、10月、11月など気をつけなさいとか、自動車事故、突発的な災難も起

きやすい、など、客を鑑定者のペースにまき込むことが大事、何故ならば、その来客者の運を開くために、話を進めるのです。

例えば、それらを良くするためには、祈願を要しますと言って、祈願とは霊術です。それは最低でも三週間が必要で一日、二日では出来なく、非常にあらたかなもので、必ず良くなると話し、鑑定者は依頼者（客）の味方になって、話を進めることです。そうすれば、90%話がまとまります。

霊術の期間は、普通三週間、又はその倍の日数四十二日間が適当です。

相手によっては、三ヶ月（九十日）、百日、一年の祈願を要すると決めます。

鑑定者は必ず自信を持って、堂々と話をすることです。

鑑定者はライオンです。強い心で、やさしく接し、自信を持って、客を引き付け安心させることが、一番大事なことです。

そうすれば、必ず、多額の収入を得ることが出来ます。

頑張って下さい。

客が私の運勢は、と言った場合

1年間の内四分の三の月は悪く言った方が良い。

1月　突発的な災難生じやすい、交通事故に要注意とか

2月、3月　対人関係、人間関係に要注意とか、人にたのまれごと生じやすいが、引き受けないとか、例えば、書類上、保証人とかは絶対なってはいけないなど

4月　会社では人事異動がありますので、やはり、対人関係を注意とか

5月、6月　飲食物に注意とか、6月は梅雨に入るので食物には注意して下さいとか

7月、8月　子供のいる人には、夏休み中の子供の事故が起きやすいとか、自動車事故、又は水難（海水浴でおぼれるとか）、自転車にのる子がいれば自動車にとくに注意など

9月、10月　健康上注意、胃、腸、肝臓（酒多くのむ人）、女性なら婦人病（子宮、卵巣、卵管）等要注意とか

11月、12月　書類上、印かん、保証人だめ。友人関係においても、信頼している人にうら切られることが起こるとか

　以上のことを適当に、月を当てはめ、話すも良い、その他鑑定者の思うことを、臨機応変に話せば良い。

　ただし、最後には必ず、運を開いた方が良い、と話す。

そうすれば、すべてが転禍招福となり、わざわい転じて福が来るようになる、など、運勢としても、月に雲のかかった状態だが、その雲をはらえば、丁度、日の出の勢いとなり、何事によらず好転し、うまくゆくようになる、と話すこと。

縁談、結婚問題について

（イ）　全然縁談の話が出ていないと客が言った場合、恋愛の相手も居ないと言った時

　客に対しては、貴方の結婚運は、異性に縁がうすく、このままだと、四年も五年も遅くなって話が出ても、「帯に短し、タスキに長し」という話しか出ない、ようするに、好みのタイプの異性が現れず、晩婚となり、へたをすると一生独身となる。

　故に、貴方の天命の良い所を生かすためにも貴方の運を強く、運を開くことが大事です。それは開運の霊術と言って、四十二日間の祈祷、祈願が必要となる。

　その霊術をすることによって（客の年令、タイプを観察して）、異性運が開き、良縁な話も出るし、又、水（反対、じゃま）も入らず、喜び事が重なるようになる。

　喜び事が重なるとは、話がまとまり、ゴール出来ることだと話す。

　例えば、同級生が良いとか、一、二、三、四、五、六、七つのうち三つ、四つ年上の方が良いとか、一つ又は二つ、年下の方が相性がよいとか、縁があるとか言えば良い。

　又、三つ違いならば、相手は陽の性格で、ユーモアにあふれた快活な男性とか、スポーツマンタイプで丈（身長）が高いとか、貴方に縁のある心の広い、やさしい方とか、客にあわせて、言えば良い。

　次は相性のよい方位（方向）ですが、

　例えば客が高岡の住人ならば、

　東〜富山方面、西〜福岡、石動となり、

南〜戸出、砺波方面、北〜氷見となる。

　注意しなくてはならないのは、客が、新湊の住人の場合は、北に縁があるとは言わないこと。北〜海にあたるので、新湊の客の場合、西南〜高岡、西北〜氷見、南〜小杉、中田方面、井波、庄川も入る。東南〜富山方面にあたる。

　故に、客の住所を確認して聞いて、その方位を言うことです。

　次に相手の職業を話す場合、自営業とか、技術者、エンジニアとか、普通の会社員とか、公務員とか（適当に、客の好みにあった、タイプを言えば良い）。

　一番大事なのは、霊術することによって、良縁な話が出るのは、四十二日間の満願前後とか、現在が三月ならば、四、五、六月に波が来て、良い話がまとまるとか、遅くても、秋九、十、十一月には決まるなど、今年は喜び事が重なると話すことが、大事です。

　前述した、波とは、良い意味を指します。

　昔から、何事によらず波にのれば成功するというように。

　すべてが順調に進むことを意味する。

　又、結婚につきものの、姑、舅の問題もありますが、例えば、長男に縁があると言った場合、嫁ぎ先には男の両親がいるのが、普通です。そこで、客が女性の場合は、世間に多いのは、嫁姑の問題です。なかなかうまくいく家庭は少ないので、いろいろなことが起きる確率は高いが、貴方は可愛がられるとか、又は、苦労多いとか、言えば良い。

　ようするに、何事によらず、白と黒の答えしかないので、鑑定者は、何事によらず、自信にあふれた態度で接すること。

何事にも動じない、しっかりした信念を持って話すことです。

客は必ずたよりにし、信用し、信頼して、霊術執行を願うでしょう。

相手によって、霊術に応じなかった場合、その客の一番痛い点、縁談ならば、結婚出来ないとか、結婚しても夫運悪く、その夫は、酒をのみ、あばれるとか、バクチばかりして、仕事せず、女を作るとか、最悪の事柄をならべて言えばよい。

まだ反応のない場合は、それで、あっさり話を打ち切ることです。

客は大変気になって、後日、必ずたのみに来ますよ。

（ロ）　見合結婚の場合

大部分の客は、見合の相手に対して、「今一」の気持で来ているか、相手を充分理解せず、なっとくしていない場合が多いか、親が見合の相手をすすめても、本人が気乗りしていない場合の相談が多い。

答は、この縁談は、まとまっても、永続きせず離婚になるとか、全然縁がなく、苦労が多いなど、姑（相手の母親）との問題も起こり、初め吉にして後凶と言えば良い。

又、当分、良縁な話が出ず、と言って、霊術に引っぱることです。

そこで、霊術することによって、良縁なる話が、早く出てきて、幸せな結婚生活が出来ると、客に対して、笑顔で、自信を持って、しつこく、話せば良い。

霊術の金額は、相手によって異なるが、三週間の霊術で、

14

七、八万円也、四十二日間の霊術で、八万から、十二、三万円也「だけ」かかります。と言えばよい。

　そこで、当方（鑑定者）は、自信を持って、話すことです。客が手持ち不足の場合、客に対して、今日は御適合出来る範囲で納めていただくことで、残金は、必ず、日数をあけず、明日とか明後日に決めることです。

　例えば、客に対して貴方の生年月日からすると、明日が吉日で、一緒におまいりすれば良いと言えば、必ず来ます。

（ハ）　恋愛結婚、恋愛中の場合

　客の大部分は、恋愛の相手に対して、全面的に熱を上げている場合が多いが、時として相手に対して、半信半疑の気持を持っている場合が多い、その場合、答えは、相性が良いと言えば、客は喜ぶが、必ず、恋愛期間の長い場合は、仲は良いが、意見の相違がままあると言えば、必ず当たる。

　そこで大事なのは、客も心に引っかかるものと言えば、その恋愛中の相手に対して、非常に反対の意見を持つ親が多いことを話し、親の反対にあうと言えば良い。

　客が、どうすれば良いかとか、親の賛成や同意を得るには、どうしたら良いかということになる。

　その場合も、前述のように、必ず霊術の話をし、必ず良くなると話し、ゴールイン出来ると言うことです。そして、幸せな家庭を築くことが出来ると言うことです。

　又、貴方は、見合結婚よりも、恋愛結婚が良いと話すことです。

　如何なる場合も、必ず、依頼者（客）の気持に入って話すことで、霊術がまとまるのですよ。

（二）　不倫、浮気の相談の場合

　これも常識的には、だめだが、客の立場に立って、良い相手だと話し、客の心を開け、その気持に入って話を進めることです。

　客は、浮気、不倫をまだまだ続けたいとか、相手と早く別れたいとか、いろいろ相談はあるが、これも必ず、霊術に話を結びつけることです。

　客が、不倫、浮気を続けたいと言えば、相手の心が変わるとか、又、他に異性が出来るとか、身内の者に知れるとか、と言って、それをふせぐためにも霊術を要すると言えばよい。

　又その反対に、客が相手と別れたいと言えば、相手となかなか手が切れない、とか、貴方の家庭に入って、家庭争議を起こすとか、貴方の家族、知人に知れ渡ると話し、それをふせぐためにも霊術を要すると話すことです。そうすれば、丸く収まると自信を持って話せば、客の信頼に通ずる。

事業、商売、適職、適業の場合

　客が現在、事業、商売をしている場合。

　その仕事、商売は、あっていて、人にも信頼されるが、貴方の運勢は、ここ二年悪く、今、辛抱（しんぼう）が大切だが、より以上の繁栄を望む場合とか、現在の事業の状態を乗り切るには、貴方の運を強めなくてはならない。とか、このままでは、事業不振で従業員の心も離れ、会社、商売がつぶれると言えば、霊術依頼に通ずる。

　適職、適業においては、客の話をよく聞き（問診）、転職を望んでいれば、転職良いと話す、ただし、客の大部分は、人間関係の失敗で、仕事そのものより、対人関係悪く、会社を変わりたく思っている者が多い。

　そこで、客に対しては、このままだと、職を変えても、会社を変えても、同じことのくり返しになるので、貴方（客）の運命転換を必要とすると言って霊術することを勧めると良い。

　現在会社員であれば、その客に希望を持たせる意味においても将来独立して、事業するも良いと言えば、客も喜ぶ。又、客によっては、将来、ポストが漸進（ぜんしん）し責任ある役職につけると話すも良い。

　ただし、必ず、年数をあけ、後（あと）四、五年後とか言うことです。

　商売している者に対しては、何月頃、信頼している者に、うらぎられることが起こるなどと話し、やはり、すべての客に対して、霊術で運を開くことを勧めると良い。

家相鑑定について

　客が図面持参の場合、必ず家の中心点を出し、図面の北
（N）を確認して観ることです。

　図面上に、「北」が記入してない場合、客になるべく具体
的に玄関の方位とか、日の出の位置を聞けば、「北」を出せ
る。

家相　　　　　　　●印は家の中心点、磁石を中心点に
　　　　　　　　　　　　置いて鑑定する。

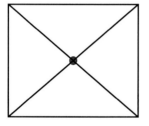
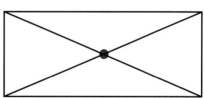
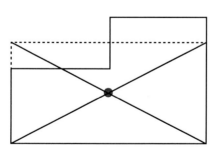
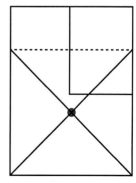

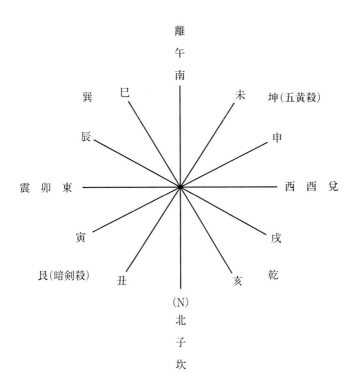

　家相においては、新築、改築にかかわらず、丑寅（暗剣
殺）、未申（五黄殺）の位置で如何なる場合でも変わらず、
暗剣殺、五黄殺の方位に、トイレ、台所、井戸、池、浴室、
などが、少しでも、かかっていれば、凶を表し、その家の
(客)、家族の災難や、病難が続き、不幸を招く結果となるの
で、必ず、家相の災いがあるので、図面を変更するか、どう
してもそのまま建てなくては、と、敷地のない場合は、方災
難除とか、家相方災解除法という霊術を執行して、その災難
除をしなくてはならない。

官によって、

（イ）　勝手に井戸を埋めたり

（ロ）　井戸の上に建物を増築したり、新築した場合とか

（ハ）　井戸の上に部屋を建てた場合

　必ず病気が続いたり、災難が続発したりするので以上の場合は、前もって方災除をしなければ、不幸が続発することになる、と言う。

走人、家出人について、客より鑑定依頼のある場合
はしりびと

　最初は、家出人が何日前で何時頃、軽装で出たか、所持金いくらぐらいか、又同伴者がいたか、客のわかる範囲で聞くことです。

（イ）　軽装の場合、所持金の少額の時、早く帰る。

（ロ）　衣類持参とか、同伴者がいる場合、帰るにしても長い日数がかかる。

（ハ）　易によって、その方位が決まるが、易にたよらない場合、客に家出人の過去よく遊びに行った場所とか、旅行に行った所とか、その場所に友人、知人のいる場合、家出先はその場所にいることが多い。

（ニ）　同伴者（恋人）と出ている場合は、家出先の場所で生活、世帯を持つ場合が多いので、なかなかもどらぬ場合が多い。

注意

　来客の家を中心に家出先の方向を見る場合、客が高岡在住の場合、西方ならば（西方と思えば）、金沢、大阪方面にいると言えば、良い。

　南～名古屋、南東、長野、東京方面となり、東ならば、富山、新潟をさす。

　普通若い者の家出人は、近い場所か、金沢方面が多い。遠い所となると、富山県人は、大阪、東京方面が多いが、たいがい、近い所で所帯を持っている。

　経済的に不安感を持っているので、身内、知人に早く、見

つかることを、心の片すみにいだいている者が多い。

　如何なる場合も、客は早く家出人がもどることを願っているので、必ず、霊術、「不動足止の霊術」をすることを話すと良い。

　必ず、もどるとか、家出人本人からの電話、音信（手紙）があると言えば、客は必ず霊術を依頼する。

　その時、大事なのは、このままにしておくと、家出人は死を選ぶとか、悪い仲間に引きずられ、新聞だねになると話すと、効果覿面となる。

　霊術によって、家出人の心が和らぎ、気持を入れ替え落ち着きをとりもどし、すなおにもどると話せば良い。

　但し、注意しなくてならないのは、家出人の帰る日を、はっきりさせず、四、五日後とか、十日前後に音信ありと言えば良い。もし、二週間しても、もどらなかった場合は、客に対しては、本人、家出人は、気持は和らいでいるが事情があって、連絡が遅れているのだと、自信を持って話すことです（心配ありません）。

　そして、家出人がもどっても、おこらないで、日数おいて、話し合うことだと言えば、客は必ず納得します。

　何事によらず、自信をもって話すことは、すべてにおいて、客も納得し、念力が働き、自信が自信に通ずるのです。

結婚問題について（縁談）

要点

（1） 本人同士が好き合って、結婚に同意していても、親、親戚、兄姉の反対がある場合多し。

（2） 両家が納得し、話が進んでいても、第三者の水（反対、中傷）が入る場合もある。

　故に、両者、両家とも縁があり、話を進めて良い場合でも、水入らぬよう、丸く収める上においても、霊術を勧めると良い。

　この場合、必ず、結婚しても、内外共に幸せを招き、堅実で明るい、家庭を持つことが出来るとか、家庭円満にして、家が栄え、家運隆盛を招くと言えば良い。客は必ず、霊術執行を望みます。

（3） 昔から現在に至るも、嫁と姑の不和の問題が大変多い。

　家庭内においては、嫁が白と言えば姑が黒と言うように、左と言えば右と答えるように、意見の反対は言うに及ばず、行動に出ることも多く、家庭内は暗くなり、乱れることが多くなり、たがいに敵視する結果を招く。

　以上のような場合でも、結婚問題においては、客に、起こり得ることなどを話し、霊術によって家庭円満になることを強調すること。

　霊術によって、たがいに、心が和らぎ、ゆずり合いの気持が生じ、共に協力しあうようになることを強調すれば、必ず、客より霊術の依頼あり。

婚姻関係について

夫婦問題

　来客者は女性が多数を示す。

　まず、女性側（妻に当たる）の主張を聞き、その方の心（気持）を探る。

　客が一方的に夫（男性）を批難している場合、男が家庭を省<small>かえり</small>みず、自分本位の行動を取り、暴力を振るうとか、仕事もせず、賭け事に走っているとか、他に女性を持って、家庭を放棄しているとか、種々いろいろな理由を持って、離婚した方が良いかとか、相談もいろいろあるが、まず、客の心（心情）を読み取ることが大切です。

　客の中には、なんとか夫があらたまるようになることを願っている場合とか、本当に夫が嫌いで、顔を見るのもいやだとか、話し合いもなく、家庭内が冷たいとか、いろいろな相談がありますが、一つは、なんとか夫を立ち直らせたいと妻が考えている場合、必ず霊術に話を進めることです（必ず、夫が考えをあらため、前向きに家のことを考え立ち直ると共に、その心も柔らかになると、自信を持って話すことです）。

　次に、なんとしても別れたいとか、離婚を強調し、決心している場合。

　その客の状態を察し、離婚を進めるも良い（但し、その決断は、客にありと、一応話し、離婚によって、新しい幸せがあると強調すること）。

　そして、霊術によって、幸せな再出発が出来るようになる、と一つ一つ話を進め、客の心を明るくさせることが、霊術執行につながる。

客より、霊術の依頼があるようになる。

　離婚後の再出発には、生活にかかわる問題が一番に来るが、霊術によって、客の運を開くため、就職もたやすく決まるし、心配はいらないと話すことも大事です。

　要は、客（妻）の気持に入り、話を上手に聞き出し方針を決定する。

　依頼者の味方になり、話を進めること。

　次回から、必ずその客は相談に来るし、永く続くようになる。

　相談の内容が男（夫）の賭け事（バクチ、麻雀、パチンコ等）で仕事せず、サラ金に走っている場合、女性（妻）は、必ず、離婚を考えている。

　賭け事をする男は、昔から死ぬまでなおらないと言われるほど、（灰になるまで）賭け事をやめない。夫婦、親子間、不和、家庭はみだれる等、結論としては、離婚賢明なり。

妻、夫に他に異性のいる場合

　浮気、不倫、離婚となりやすいが、客の話をよく聞く。家庭はみだしたくないが、その関係を続けたいとの相談も多いが、その場合、交際期間を聞き、数年続いている時は、なかなか二人の関係は切れないが、これ以上、家庭をこわしてまで一緒になろうと考えることは少ないと判断しても良いが、交際期間のまだ浅い場合、二人の仲の燃え方が問題となり、危険この上もないと判断を要する。この関係は他人に見つかりやすく、「人の口に戸を立てられず」のことわざのあるように、そのことを念頭に置いて判断を要する。

　故に霊術で難関を切に開くことが出来ると信念を持って話

すことが大事です。

　客の希望にそった霊術を勧めると、必ず依頼される。

　自信と信念を持って話を聞き、答えを出すことが大切です。

鑑定方法

　鑑定法としては、易断にもとづくのは、言うに及ばず、手相、人相、骨相などこれらを、観相鑑定と言う。

　観相鑑定については、別記で説明しますが、まず客と対面するに当たり、客の態度、客の言葉、客の眼、顔形など、即、鑑定者は観て、いろいろな問題の概略を見て取ることが大事です。

　「昔から座ればピタリと当たる」と言うのは、このことです。よく勉強し、よく研究し、一日も早く、身に付くように努力することです。

　例えば具体的に言えば「客の態度」、心の迷っている者は、落ち着きなく、おどおどそわそわしている。生活態度、家庭生活においては、必ず破滅一歩手前です。中には「みえ」を張り、うその詞をはくこと多し、夫婦不和、家庭不和でも、うまくいっているとか、言う客もあり。客が何を言ってもダメなものはダメと、はっきり話せば良い。

　又、態度が、落ち着いている者には二通りの者がいる。

　仕事が現在うまくいっているとか、家庭内がうまくいっているとか、と言う客も多いが、誰でも、必ず、現在うまくいっていても先のことに対しては、必ず不安をいだいているのだから、現在良くても、末も良いとは限りませんから、鑑定者は、客の心理的不安をつくことが大事であり、鑑定者自身、客より上位にいることを「キモ」に命じ、自信を持って話すことが客を引き付けることにもなるし、客の不安を取り除くためにも、霊術に結びつける話術が大切です。話術を身に付けるには、本をよく読み、いろいろな話題を身に付ける

ことが必要です。簡単に身に付けることが出来ますよ。

　もう一つの方は、死を覚悟して、来る客もいます。このような者は、意外と、助言を求めて来ることが多いので、客の話をよく聞いて、話をすれば良い。帰りには、明るい態度で帰る者となるでしょう。

　「客の眼」、生活態度の良い者は、眼が生き生きして、前向きに事を考える者、運勢的には発達しやすい状態です。

　キョロ、キョロしている者は、落ち着きなく、すべてに不安をいだいているものです。生活態度もダメで、運勢としても悪く、まだまだ、悪くなり、下降するでしょう。

　「顔、形」については別記で勉強したように、わかりやすくまとめると、

○丸顔	温厚、情深く、対人関係すなおにゆく。商売良い
□角顔	意志強い、商売、事業良い。成功運強い、頑固者
□長方形	サラリーマンタイプ、中間位、意志弱い者多し、人生成功者少なし
△三角顔	晩年運よい、初年、中年波乱多し
▽逆三角形顔	晩年大凶運、孤立、孤独死、意志弱く、生涯人に使われる。エンの下の力もち。金に縁なし

　簡単に分けると○形、□形、△形となる。

問 結婚して一年たったが、とか、五年たつが、子供が出来ない、子供が授かりますか。

又、数回妊娠したが、途中四ヶ月目に流産するとか。子宝についての質問もあります。

其の一

以上のような問題を持って来たお客様に対しては、まず、なかなか子供が授からないとか、このままだと子供が授かるのは、まだまだ、七、八年先になるとか、話し、客が必ず落胆する、そこを見て、次のように話を進めることです。

御夫婦の運を強めると、早く子供が授かるし、舅、姑も身内の方々も大変喜ばれる、それは、3×7＝21日間か、又はその倍の四十二日間の霊術を行えば、必ず子供が授かります。と自信を持って話すことです。

又、お客様が春に来た場合においては、必ず、夏には授かると話し、遅くても、秋には必ず、おめでたになりますよと話を進めることです。

その場合の霊術は、子宝祈願となります。

後日、お客様が妊娠したことを告げに来た時は、今度は、母子共に元気で、身心共に丈夫で元気な赤ちゃんが出産出来るように話し、霊術に結びつけることが大事ですよ。

必ず、安産になることを、付け加えて話しましょう。

問 高校、大学の志望校の合否のことを相談に来た客に対し
ては。

其の一

客に対しては、志望校は現在のままの運気では、ギリギリ
の所で落ちると話すことです。たとえ客がそれでは、一ラン
ク落とすと言っても、合格出来ないと話すことです。

その後、当事者の（息子、娘）の運を強めて、運を波にの
せると、必ず志望校に合格すると話すことです。

そして、霊術の話をし、客の心を、引き付けることです。
その場合、必ず合格すると、強調することです。

お客様は必ず霊術をして下さいと申し出ます。その時も、
自信を持って、運を波にのせると、順風満帆になり、龍が天
に昇るごとく、必ず合格出来ますと話を決めることです。

不倫

問 この問題は大変多く、持って来るお客様が多いです。
例えば、職場での上司との関係、又は夫がありながら職場の同僚との関係、又家庭の主婦であっても、好きな人が出来たとか、妻子がいても男の浮気、人妻との関係など、数々の相談が多い。

其の一

このようなお客様に対しては、常識的には、早く別れた方が良いと言えばそれまでだが、鑑定者の収入につながらない。

又、お客様達は、あまり自分が悪いと思っている客は百パーセントいない。

なんとか、配偶者に見つからぬようにとか、人目に付かないようにとかの不安があるのです。

そのような相談を受けた場合、交際している女性、男性を心のやさしい、心の広い、明るい生活の人で、貴方と大変相性が良いと、ほめ言葉で話すことです。

必ずお客様は、鑑定者のペースにのります。

客の心を引き付けてから、次のように話すことです。

二人の運気を強めておくことが賢明ですと話し、運を強めることによって、人に二人の関係は見つかることはないし、二人の仲は、今まで以上に熱し、交際は丸く、長く続くと話します。

女性（人妻）の客に対しては、運を強めることによって、家庭もみだれないし、夫の浮気もゆるせる、心が休まり、楽

しい生活が出来ると話し、霊術することを勧めるのです。

　二人（相談者）の運を開いておくと必ず、すべてが好転する、と鑑定者は自信を持って話すことです。

　ようするに、鑑定者は、相談者の心の中を読み、相談者の気持になって話せば、必ず、霊術を依頼されます。

其の二

　客は、必ず、夫、妻の不平不満を話します。その場合においても、現在交際中の男性とか、女性の方を、良い心のやさしい方だと話し、客の夫、あるいは妻をどの程度、にくんでいるか、無視しているかを、客の話で、察することが大事です。

　それによって、離婚の話が出ているか、進んでいるかによって、がたがたせずに離婚出来るか、又は、現状維持で進まれるかは、その話の具合によって、簡単に別れることの出来る霊術とか、又、現状維持で荒れずに家庭が丸くいくような、霊術を話すことです。

　必ず霊術によって、相談者がプラスになるように話し霊術をすることを勧めるのです。

　必ず霊術をたのまれます。

病占
_{びょうせん}

問 お客様当人、あるいは身内の方の永い病気続きとか、身
体の変調の相談も多い。

　この場合、原因として、考えられるのは、家相上の災いと
_{わざわ}
か、井戸の位置とか、建物の中に井戸があるとか、部屋の
下、廊下の下、台所の下などに井戸のある場合、病気がち
で、永い間、病気になる場合多い。

其の一

　客に対しては、病気が進行するとか、一人がなおっても、
又別の人（家族）がケガや病気にかかると話すことです。

　そして、霊術によって、病気の進行を止め、なおるとか、
全快すると強調し、霊術を執行することを勧めることです。

　大難は小難に、小難は無難になり、難は無くなると話すこ
_{だいなん} _{しょうなん} _{ぶなん} _{なん}
とです。

　霊術によって、祟を解き、必ず好転し、病気は全快し、快
_{さわり} _と
方に向かうと話を進めることです。

登校拒否

問 息子や娘が学校に行かず、困っているとの親の相談も多いです。

　原因となるものでは
（１）　いじめ
（２）　友人が出来ない
（３）　勉強嫌い、学校嫌い

　以上によって、心理的にまいっている場合多し、親には、子供に対して、あまり無理じいしないで、静観（せいかん）して、子供の様子を見、ただ、子供がなまくらで学校嫌いと言っている場合は、手を上げるも、やむをえないが、まず、子供に自由にさせて、心理的に追い込まず登校出来るように、子供が前向きに考えることが出来るように、霊術を話し、勧めること。

　高校生ならば、本人の望むようにやめさせるも、万（ばん）、やむを得ない。

　但し、前途は明るく、将来（成功）ものになると、自信を持って、息子（娘）の運気を強め、好転すると、霊術を勧めることです。

恋愛問題

問 最近、彼（女性）が、冷たくなったとか、どうすれば以前のように楽しく交際がうまくいくか、などの相談も多い。

其の一

この場合、たいがいの相手には、別の相手が出来ている場合多し。

八割は交際が続かぬことが多い。

依頼者が、どうしても交際を続けたいと考えていれば、霊術の話をすることです。

霊術は、本人の運を強め、磁力で相手の心を本人に向かわせるように運気を強めることを勧めることです。そうすれば、今までと違って必ず、好転し楽しい交際が続くと話を決めることです。

鑑定者は、必ず自信を持って落ち着いて話すことです。

【秘】

　霊術は、一般的に、三週間とか、四十二日間の祈願とすること。（別に百日間とか、三百六十五日間の祈願もある）

　したがって、鑑定料は、一般に、一件五千円也です。家相鑑定は一万円から二万円也です。生児命名、子供に名前を付ける場合は一万五千円也です。

　但し、相手によって、鑑定料を高くしても、安くしても良いです。

　霊術の場合は一般的に五万円以上、普通、八万円也ほど、相手によって、十万円、二十万円にするも良し。

　必ず、霊術によって、良くなることを強調し、自信を持って話せば良い結果が得られます。

適職、適業について

問　お客様が、自分の適職はなにかと言った場合

　客の過去の職歴を聞き、営業関係か技術関係に勤めていた
か、整備士や熔接工、又は運転手などは技術関係となり、商
店の店員とか、セールスマン、接客関係、外交員などは、営
業関係となります。以前技術系に勤めていたら、なるべく技
術系をほめ、職場を変えて勤めることを勧めた方が良いで
す。又場合によっては、営業関係が良いと話し、将来独立、
自営の方針で勤めることを話すことです。

　そこで大事なことは、お客がどこへ勤めても、現在弱運の
ために、人間関係、対人関係で苦労が多く、職場で孤立する
と話し、霊術に引っぱるのです。職場での仕事は良いが、人
間関係で苦労している人が多いので、その点を話し、霊術で
好転すると自信を持って話せば、必ず話はスムーズに霊術の
依頼となります。たとえ、その時しなくても、後日必ず祈願
をたのまれます。

生児命名について

　生児命名には選名と命名があります。

　選名<rt>せんめい</rt>とは、お客様が、好きな名前を、いくつか書いてくる中から、良い名前を一つ選ぶのを言います。

　命名とは、当方で最高の名前を付けることを言います。

　接客方法は、生まれた赤ちゃんの、月、日を聞き、出生<rt>しゅっしょう</rt>時間を聞きます。

　そして必ず、お嬢さんですか、お坊ちゃんですかと聞きます。

　お嬢さんを先に聞くのは、お客様に対する配慮からです。

　必ず聞いたら、「おめでとうございます」と言うことです。お客様は笑顔で心を開きます。

　ポイントは、姓名字畫<rt>せいめいじかく</rt>（姓<rt>せい</rt>と名<rt>な</rt>をプラスした数）が大吉字畫運数——

11、15、16、23、24、29、30、31、32、33、35、37、39、41、45、47、48、52、55、65

　以上の数になるよう辞書を参考にして出すのです。

　そして、お客様に対して、次の二つの説明の中から一つ選んで話すことです。

　一つは、この名前の意味は、知性、仁徳、勇気が含まれています。したがって、「智、仁、勇」がそなわっていて、頭脳明せきで頭が良く、仁徳とは、人に信頼され、長上目上<rt>ちょうじょうめうえ</rt>の方の引き立てあり、勇気とは、その意志の強さを表し、必ず人の上に立つ、頭領運があります。

　又、もう一つは、三徳<rt>さんとく</rt>を有しています。三徳とは、地位、財産、長寿が、そなわっています。そして、説明するので

す。

　もう一つのポイントは、「浦」は「氵」を使っているので、「氵」は「水」から来ているので、「水」は四畫ですので畫数は1足すのです。したがって、浦の字は普通10畫ですが11畫とみるのです。同じく、「草」の字や「藤」の字は「艹」ですので、「竹」から来ているので「草」9畫ですが3畫足すので12畫となります。この「氵」と「艹」のことだけ覚えておくことです。

　そして、もう一つのポイントは、姓も名も共に奇数、偶数となれば、最高です。これは陰陽五行の配置と言って大切なことの一つです。

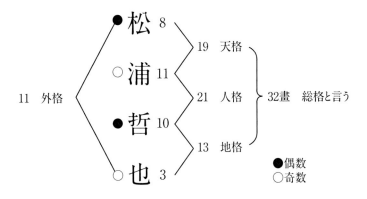

　以上のようにして、赤ちゃんの名前を決定します。
　誰の名前でもこのようにして名前を付けたり、鑑定するのです。

会話のポイント

お客様と話をする時は、必ず目を見るか、首を見て話し、話の内容によって客の反応を見ること。

霊術の話をする時は、自信を持って、例えば、昔から「理を押しても、法を押すな」と言うことわざもあるように、霊術の力は偉大なものがあると、ゆっくり話すと良い。

又、運勢や人間関係を話す時も、よく、ことわざなどで客にわかりやすく説明することです。

例えば、開運の霊術をすると、運勢は日の出の勢いとなり、すべて好転し、やること、なすこと順調に進むと話すことです。故に今のままだと、月に雲がかかった状態とか、台風圏内に入っている舟に例え、いつ沈むか時間の問題だとか、すべて、初めだけうまくいっても、途中五分か六分でざせつするとか、人にじゃまされ順調に運ばないとか、すべて八方塞がりで、やること、なすこと、うまく行かない等々。ゆっくり、わかりやすく説明し、霊術に引っぱるのです。

その時、客が、霊術の話にのらなくても、後日必ず金を都合して来ます。

故に愛想良く客を送るのも大事なことです。

そして、客に対しては、いつでも聞きたいことがあれば、いつでもおいで下さいと言うことも大切なことです。

客は必ず再度来ます。

必ず、「券」を渡し、自分の言ったことはメモしておくことです。

客には、必ず帰りは笑顔で送ることです。

事業運、商売運について

問 お客様はよく現在の事業、商売に対して、経営不振のため、続けた方が良いか、やめた方がよいか、将来どうなるか、とよく相談を受ける場合が多い。

答

客に対しては、事業の年数を聞いて、たとえ経営不振でも、現在の仕事があっていると言った場合、このままだと後二年もたぬ、従業員も離れていくが、貴方の運気を強めることが先決です。運を波にのせると、すべて好転し、事業の不振を乗り切ることが出来ます。即ち、貴方の天命を生かし人の信頼を得て、順風満帆となり、事業も順調に運ぶようになる、と言います。

客に対して、自信を持って霊術の話を進めることです。事業不振も転禍招福となると話すことです。

例2

現在の仕事があっていないと言った場合、貴方の事業運は八方塞がりで、進んでは凶を招く、万事退いて吉です。

故に転職を考えることを話すのです。

客は、だいたい転職のことを考えている場合が多いので、客に対して、どのような仕事を考えていますかと、聞き出すのです。その中で転職の職種を選ぶも良い。

又、客が職種を考えていない場合は、営業関係が良いと言うのです。客が若者ならば、技術関係も勧めて良いが、年長者の場合は、技術を覚える間がないので、営業関係（外交

員）を勧めた方が賢明です。

ポイント

事業、商売の不振は、たいがい一年半から二年前より、経営不振におちいっている場合が多い。

客は、大部分、首を縦に振って、納得する。

転職を話した場合でも、開運霊術を勧めることです。再起を決心させた場合においても、人間関係がうまくいくことが少ないので、再就職しても、対人関係での苦労が多いのです。

人間関係が丸くいくためにも、霊術すれば、好転すると話すことです。

恋愛問題について

　客は、若い女性が多い。男が冷たくなったとか、交際中の男との相性が良いかとか、二人の将来のことなど、又、交際したいが、男性が出来ない等、なやんでいる女性が多く来ます。

答

　客には見合よりも恋愛結婚を進めると喜びます。但し、恋愛は必ずスムーズにいくとは限らない。恋愛は、山あり、谷ありでたとえ二人が交際を順調にもり上げても、親、兄弟、姉妹の一人が反対しても、結婚はむずかしくなるものです。たとえ二人の相性が良くても反対、即ち、「水が入る」場合が多いのです。以上のことを考慮して客に話すのです。

　男が冷たくなった場合、たいがい、男に他の女性が出来ていることが多く、その男と縁がないと話すことがあります。

　そこで、客のプライドを守るためにも、その女性と手を切らせるか、逆にその男を交際初期のように夢中にさせてから、男を振るか、どの線を客に選ばせるにしても、霊術の話を進めると良いです。

　客のプライドを守らせるように話せば、霊術の依頼があります。

　全然男性と交際出来ない女性に対しては、初めから、女性客にショックをあたえることです。

　例えば、男性運がないとか、夫運が凶だとか、異性運なく、結婚出来ないとか、結婚してもその時期が遅く、晩婚であると話す。客が必ず、いつ頃結婚出来るか、と聞けば、早

くても三十歳過ぎになるとか、まだまだ、このままの運気では、八年から十年後となると話す。

女性客は、ショックで暗くなった時点で、貴女の運を強めることを話し、霊術に結びつけるのです。

結婚運を高めると、良縁なる相手が現れることを強調し、**女性の好む、男性**：背が高く、誠実な心の広い方で、明るく快活な男性だとか、スポーツマンタイプで身体もきたえられバッチリときまった好男子とか、そして、心やさしく、たよりがいのある方が現れるし、話が早く決まるなどと話すことです。

必ず、霊術の依頼がある、その時なくても、数日後には再び来館されます。相手の反応を見て、ゆっくり話すことです。

霊術の種類

良縁成就祈願

結婚運を強める霊術

恋愛運を高める霊術

などなど、客に応じる霊術を話すと良いです。

鑑定士、予言者（人生コンサルタント）心得

　いつでも、如何なる用件に対しても、客には親切で、柔らかく、心を広く、落ち着いて、笑顔をもって客に接することです。そして自信を持って真剣に問題に取りくみ、客の身になって最良の進路に導くのです。

　落ち着いて、ゆっくり、わかりやすく話すことです。

　客が、納得するように話すと、その客は、又来ますし、信頼を得ます。

　責任を持って鑑定することで、人の信頼を得て、客はいろいろな問題の相談に来ます。

　そして、客の顔を覚えることです。数日後、数ヶ月後、再び客の来た場合に覚えていると、客は喜び信用度も高まります。

　鑑定者は、いろいろな用件に対しても、意志を強く、自信を持って話すことです。

　臨機応変に話を進めることです。

　易学の本や手相、人相の本を何遍（なんべん）も読むことで、客に対する話術も豊富になります。

　霊術の話をする時には、お客がその霊術によってどれだけプラスになるか、そのプラスが、心理的に大きければ、大きいだけ、客は霊術を執行してくれとたのみます。

　故に客の喜ぶ結果が大きくなるように話すことが大事です。したがって、医師の問診のあるように、鑑定者も、鑑定前に、いろいろ客に話させるように問うことも良いです。

　又鑑定者は、その客があまりしゃべらない場合、話の途中

45

で、自然に客に対して、タイミングをはずして聞き出すも良いです。

　又、鑑定者は一方的に一方通行のように話すも良いです。

　客の信頼は必ず得ることが出来ます。

　以上常識的なことかも知れませんが、大事な心得です。

　一生懸命易学の勉強をし、手相、人相学を楽しめるように頑張って下さい。

　早く、一人前の鑑定者となることを期待し、貴方の努力が実を結ぶことを念じてやみません。

神人合一

　神と鑑定士が一体となるように努力をおしまないことは大事なことです。

　「神人合一」尊い言葉です。

　神と一体になるには、朝夕の祈祷は言うに及ばず、一日も欠かすことなく、心を落ち着かせ、呼吸をみださず、一心に念ずることです。

　御神言（神の言葉）は経文や、真勢派の奥義にもありますが、（秘伝は）一日百回は、となえることです。

　そうすれば、必ず神の御加護がいついかなる所でもあります。

　一生懸命の貴方の努力しようとする信を念じています。

夫婦問題離婚について

　結婚生活が数年あるいは、十数年続いていても、女性からの離婚話の相談は大変多くあります。その場合、女性の話を充分聞いて鑑定することです。

　女性の話の内容が次の内二つ以上ある場合、離婚話を進めることです。

（１）　男（夫）が家庭を省みず賭け事（バクチ、麻雀）ばかりして、給料を家に入れない。

（２）　酒を飲んでばかりいて、暴力を振るう。

（３）　いつも帰宅が遅く、毎夜、夜中午前様で真夜中や朝帰りの場合。

　　　　これは完全に家庭を持つ資格はない。

（４）　仕事を休んでばかりいる。

（５）　浮気ばかりしている男性。

　　　　浮気でも本当の浮気（一時的）と本気になりつつある浮気がある、その点をよく見わけることが大事です。真剣に鑑定して判断することです。

（６）　自主性がなく、意志が弱く、人に利用ばかりされている男。

（７）　考えが前向きで建設的でなく、家庭の円満を欠き、自分一人で遊びほうけている男。

（８）　妻、子供との会話なく、性格暗く、怒りっぽい男。

（９）　職を転々と変える、移り気で、迫力のない男性。但し、前向きで堅実な男性の場合は、例外とする。

（10）　家庭内の出来事をすべて無視する男。（親、妻、子供、兄弟、姉妹の話、相談事を無視する男）

以上の内、二つ以上該当する場合は夫の資格無し。相談者の離婚話を進める場合が多いです。

　離婚後の相談者の身の立つように、再出発を幸せなものにするためにも、霊術の話を進めることです。

　霊術によって、相談者の就職の道が開くし、生活設計も立てられ、後日、再婚の良縁話も出て、まとまるようになると確信を持って話せば、必ず霊術の依頼があります。

ポイント

　妻から、夫に女性がいるかとの相談をされる場合、90％夫に妻以外の女性がいることが多い。

　それは、毎日の生活で妻が女性の勘を働かせ、疑いを持つ所から生じることが多い。

　但し、男性が本気でなく、簡単な浮気の場合は、相談者を力づけ離婚よりも、家庭を立てなおすためにも**霊術によって、女性と手を切らせ**、夫婦円満、家庭円満となることを強調して一日も早く、霊術することを勧めるのです。

霊術（れいじゅつ）

　不動霊術（ふどう）、斉火霊術（さいか）、鳴動霊術（めいどう）、朱書霊術（しゅうがき）、足止め霊術（あしど）、活霊術（かつ）、淨霊（じょうれい）、除霊（じょ）、火渡霊術（ひわたり）

　等あり、この中の一つの霊術を行うと良い。

縁談について

　養子取り（むこ取り娘）、例えば、一人娘とか、姉妹が多く、男性のいない家庭の相談の場合。

答

　養子取り娘は、二十一歳から二十五歳までの場合は、話（縁組）が出ますが、それも少なく、親、本人は心配して相談に来ることが多いです。

　その場合、まず話が出ても、途中で水が入り、まとまらぬことが多いです。

　男が途中で養子を嫌うことなどが多くあります。

　中途半端で役に立たないことの例え。帯にしては短いし、タスキにしては長すぎてダメ。故に、「帯に短かし、タスキに長し」とか、これはと思う良縁なる話が少なく、娘さんは、夫運悪く、異性運弱いので、縁談は、なかなか決まらない。とか、晩婚であると易では表れているなど。又親が良い縁談だと思っていても娘の方でパスしたり。男性側も養子に出なく、分家すると言ったり、要するになかなかまとまらないと強調し、霊術によって娘の運を開き、運を波にのせると、良縁なる話が多く出ます、と話すのです。

　客がいつ頃と聞けば、霊術の期間は、三週間とか四十二日間要しますが、ここ一ヶ月二ヶ月中に多く話が出て、良縁なる話がまとまると確言（かくげん）するのです。

　例えば現在十月ならば、十一月、十二月に話が出て、話しがまとまり、来年の春には、結婚出来ると、鑑定者は落ち着いて、にこやかに話を霊術と結びつけるのです。

霊術の話は、鑑定士自身の人生経験を生かして話すことも大切です（これは、あくまでも自分の参考にするだけで、相談者に話す必要はありません）。

ポイント

　相談者の娘が高齢で、二十七、八歳とか三十歳に近ければ、養子の話は、まず皆無に等しいです。

　このような相談者には、霊術によって、娘の運を転禍招福（わざわい転じて福を呼ぶ）となると話し、良縁なる話も早く出てまとまると言えば、必ず霊術に結びつきます。

霊術を進める話の心得

霊術の話は、鑑定士自身が落ち着いて、自信を持って説得するのです。

そして客の反応を瞬時にして読み（読心術）、念を押して、柔らかく、そして強く。

霊術は、「あらたかなものです」とか、神仏の力は偉大なものであると話し、鑑定士自身も一生懸命に祈祷、祈願を毎日、朝夕、執行するのですと、力をこめ強調し、必ず、その効果が早く表れると話すのです。期間は三週間相談者の代理を務めるのですと言い、客には、安心して、こちらにまかせてあると思っていて下さいと話し、次回の祈願日（十日後又は、満願日、霊術に入って二十一日目）を示し、相談者におまいりに来てもらうのです。

それは、今後その客を引っぱるためなのです。祈願日には、又祈祷料も戴けるし、又、他の相談を受ける場合も多いです。

運命鑑定についての話術

　一般的に運勢を観てほしいと言う客も多くあります。その場合、客に対して、その他、特別に観てほしいものはありませんかと問うことです。その時、別件の話が出れば、客はその別件に気をとられていることを察し、運命鑑定をするのです。

　客に対して、運勢を簡単に話すのです。

　例えば、客の来た月が、十月ならば、ここ一年二ヶ月運が悪いとか、二年弱運であり、やること、なすこと、六分止りで自分の思うことが順調にいかず、すべて「目に見えて、手に入りがたし」と言うことで万事退いて守ることが大事である、と話し、特に、十一月、十二月、そして来年の一月、二月、三月まで運気が大変弱く、小難が大難になることを意味し、充分注意が必要である。

　対人関係においては、信頼している人に、うらぎられるとか、人にたのまれ事があっても、うかつに引き受けると財をみだすと話し、又、突発的なわざわいが生じ、けが、外傷、自動車事故に遭う等と話し、五月、六月は健康に注意を要し、食べ物、飲食物にはとくに注意すること。

　十月、十一月は人にたのまれ事、生ずる月で、保証人など、書類上や印かん等に注意を要すると話すこと。

　以上のように話せば、万事良好で客は納得するでしょう。

　そして、客に対して、開運の霊術をして、運を強め、難関を突破出来ると話をまとめるのです。運気を強めて波にのることが大事だと話し、昔から「時勢の波にのれば成功する」ということわざのあることを自信を持って話すことです。

［以上話術を覚えて、自分のものにすることです。貴方の努力精進を希望します。］

ポイント

　客の来た月を十月にして話しましたが、十一月あるいは他の月ならば、話の月を適当にずらして話しても良いです。

　客は必ず、心当たりがあり、当たったとか喜び、霊術をたのまれることも多いです。

嫌いな客の接客方法

　年に一人か二人、「当たるも八卦、当たらぬも八卦」とか、鑑定士のプライドをキズつける客もいるが、笑顔で聞き流し、鑑定料を戴くまで、柔和に接し、鑑定に入ります。

　その客に対しては、鑑定結果は言うに及ばず、最悪、最低の時項を話すことです。

　病気にては長患いするし、短命であると話せば、客は、ショックを受け、何も言いません。

　又、客の中では、何も苦労ないとか、家庭内も丸くいっているとか、夫は真面目に働き何の心配もないなど、鑑定室に入って話す場合は、客の言っていることは全部逆であると察し、鑑定結果は、言うに及ばず、最悪の状態であるとか、今後ますます家運衰退となり、家庭内がみだれることを話せば、99％当たります。

　鑑定士は、如何なる場合も笑顔で接することです。

　鑑定結果は鑑定士自身が、好きなように話せば良いのです。

　客が一週間でも一ヶ月でも、心配して眠れなくなるくらい、刺激をあたえても宜しいです。

鑑定士心得

（１）　人を善道に導く

（２）　人（相談者）の相談、種々な用件に対しては真剣に取り組み、最良の道に導くのです。

（３）　霊術依頼に対しては、毎日、朝夕必ず、祈願、祈祷をすることです。

（４）　いつも心を広く、笑顔をはなさず、落ち着き、心にゆとりを持っていることです。

（５）　親、兄弟、姉妹、妻を大切に、仲良く、生活にゆとりを持ち、心静かに、家庭の平和を守ることです。

（６）　仕事、宣伝に対しては、いつも心をくだき、前向きに、積極的に対処することです。

　以上の事を心掛けることによって、何如なる難件、相談事も解決出来ます。

後記

　鑑定士の心労をいやすためにも、たまに、温泉旅行とか小旅行をすることも家庭円満のもとになります。

　頑張って下さい。

適職、適業の相談について

　客には、男女共、現在の仕事に不平不満が多く、又、仕事はなれていて良いが、仲間同士とか上司に対しての不満、即ち人間関係、対人関係がまずく、転職を希望する相談者も多い。

　以上の相談者に対しては、話をよく聞き出し判断することです。

例1

　サラリーマン（会社員）から別の会社に変わりたい者ならば、転職を勧めてもよいが、人間関係で苦労しているならば、霊術を話し、霊術によって、何もしなくても人間関係が丸くいくと言って、仕事は現状維持でも悩まなくてもすむと話すことです。

　又、会社員ならば、将来独立して商売も成り立っていると話せば客は喜びます。

例2

　会社員の相談で家業をついだ方が良いかとの問いの場合。

　会社に勤続十年でも十五年でも、家業を勧めた方が良いです。但し、サラリーマンから商売人になるのですから、霊術で相談者の運命転換を図り運を強め、開運霊術を勧めることです。

例3

　商売人の相談で事業不振で経営困難で商売をやめてどこか

へ勤めたいとの相談の場合

　話をよく聞き、赤字経営で借金の多い場合は商売をやめた方が良いと、はっきり話すことです。

例4

　一時的の経営不振とか、一年前ほどから、うまく商売がいかず、このまま商売を続けていっても良いかとの相談の場合。

　商売は、成り立っていると話し、続けるように話すことです。但し、霊術をすることを強調し、運気を波にのせなくては、いけない。霊術によって、人の信用を得、人に信頼されることによって、事業の繁栄を見ることが出来る、即ち、転禍招福となりますと、強調するのです。

ポイント

　相談者が、すでに他の仕事を決めて来る場合と、現在の仕事に対しての不安感をいだいて来る場合と、会社においての自分の立場に対しての不平不満そして人間関係に悩んで来る場合とあります。

　鑑定士は、よく見きわめ結論を出すことです。

　すべて、霊術に結びつけることが出来ますが、あせらず相談者の納得するように話すのです。

鑑定士として霊術の話を進めるポイント

（１） 礼儀を重んじ、確信に満ちた言葉で落ち着いて話すことです。相談者には、たよりに出来る人だと思わせることが一番大事です。

（２） 絶えず、にこやかに、やさしい言葉で説得することです。

（３） 相談者に好意を持って話すことです。相談者の味方、即ち力になることです。会話においては、**相談者にたよりにされるように相談者の身になって話す**のです。

以上の三点を常に心掛けていることです。

話の間に、鑑定者自身の永年の霊術の修業をしたことも話題にしても宜しいです。

接客法 {
的確に（会話）
笑顔でやさしく
親近感を持って（心から）
}

客に惚れずに、惚れさせることです。

御神言

御神言(ごしんごん)とは、神様の言葉です。

神様に対する、願い事の時、鑑定士、行者自身がとなえるものです。

すべての念願成就祈願の場合も良いです。

病人に対して患部に手を置き念ずる時、心の中でとなえると効果覿面(てきめん)です。

例えば、歯痛で激痛の場合でも、御神言をとなえ患部に手を置くと痛みがとれます。

故に御神言は秘伝の「秘」で、他人に伝授は許されません。「他言無用」です。

御神言をとなえる場合、身を清め、口を冷水にてうがいを致し、となえます。

（1）　あちめおー。

あめつちに、きゅらかすは、きゅらかす、かみわかも、かみこそは、きねきこゆ、きゅうらかす。

（2）　あちめおー。

いそのかみ、ふるのやしろの、たつもがと、ねがうそのこに、そのたてまつる。

（3）　あちめおー。

さつおらが、もたきのまゆみ、おくやまに、みかりすらしも、ゆみのばずみゆ。

（4）　あちめおー。

のぼります。とよひるめが、みたまほす、もとはかなほこ、すえはきほこ。

（5）　あちめおー。

　わぎもこが、あなしのやまのやまびとと、ひともみるか
に、みやまかつらせよ。

（6）　あちめおー。

　みわやまに、ありたてるちかさに、いまさかえては、いつ
かさかえん。

（7）　あちめおー。

　たまはこに、ゆうとりしてて、たまちとらせよ、たまはこ
もちて、さりたるみたま、たまかえしすなや。

（8）　あちめおー。

　いにまししかみは、いまぞきませる、たまはこもちて、さ
りたるみたま、たまかえしすなや。

（9）　あちめおー。

　たまはこに、ゆうとりしてて、たまちとらせよ。みたまか
り、たまかりましし、かみは、いまぞきませる。

　以上9項目の御神言を自分のものにするため、しっかり覚
えましょう。

　覚えると、必ず神様の御加護があります。

進学問題について

　相談者の息子、娘の進学の件についての相談も多くあります。どの学校が合格しますかの問いには、当事者（相談者の息子あるいは娘）の希望校即ち、第一志望、第二志望校を聞いてから占断致しますが、相談者に対しては、両校とも合格する確率が低く、丁度、合格発表月の、二月から三月にかけて、運気が弱く、弱運状態でランクを落としても見込みがないとか、危険な弱運の月に当たるので、試験の結果、良い所まで行きながら、合否すれすれで落ちると話をするのです。

　鑑定士は、そこで息子あるいは娘の運を強めることによって、運気は順風満帆となり、波にのることが出来、必ず志望校に合格出来ますと霊術を勧めるのです。相談者は100％霊術をして戴きたいと言います。

　鑑定士は、自信を持って、笑顔で、「必ず合格」しますよと落ち着いて、タイミング良く、話を決めるのです。

就職問題について

　相談者の話を聞き、Aの会社あるいはBの会社どこに転職したら良いかとの問いも多くあります。就職の件に関しては、適当に、断をくだし、Aの会社が良いと言ってもいいです。

　但し、相談者に対しては、貴方の運気が悪いので、どこの会社に勤めても、人間関係で苦労多く、せっかく就職した会社も、永続きしないと話します。

　会社においては、無視され、孤立し、友人も出来ず、落ち込むことになり、結果的には、会社をやめることになります。

　以上のように話した後、霊術によって、運を開くことが出来ると言うのです。

　開運の霊術、開運の秘法で、せっかく就職した会社をやめることなく、人間関係も丸くいき、上司の引き立てもあるようになると話をするのです。

　以上、相談者の話を聞いた時
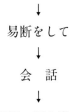
　　　　易断をして

　　　　会　話

　　　霊術の話を進める。

家出人、行方不明者について

　相談者の話を聞き、何日前から行方不明となっているか、同伴者がいるか、一人で出ているか、持ち金はいかほどか、をまず聞くことです。

例1　行方不明者の相談の場合

　まず、死んでいるか、生きているか、どこにいるか、易断に問うことです。

ポイント

　乾為天、坤為地、又変爻により、乾為天、坤為地になる場合は、「死」を意味します。

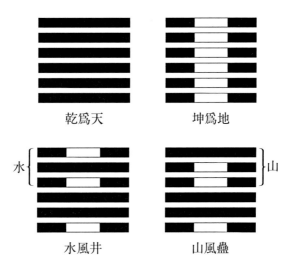

乾為天　　　　　　坤為地

水{　　　　　　　　　}山

水風井　　　　　　山風蠱

　水風井や坎為水のように、「水」が出た場合、水辺のふち

とか、河、川、海岸にいると占断します。

山風蠱や艮爲山のように「山」が出た場合、山中とか山辺、山の近辺にいると占断します。

霊術においては、一刻も早く発見出来るとか。

例2　家出人の場合

霊術によって、里心をもたすとか、家庭のこと、家族のことを思い出させ、早く、家出人の心を和らげ、もどることになると霊術を進めることです。易断においては、変爻によって、良い卦の出る日を指し、三日後とか、五、六日後とか、一週間、あるいは、二週間、一ヶ月後にもどるとか、音信がありますと言うことです。

ポイント

家出人で同伴者のいる場合、なかなかもどらず、長びくことが多いです。

又、友人をたよるとか、一回又は数回遊びに行った場所にいることも多いです。

相談者から、よく話を聞き、占断することが賢明です。

ホクロの吉凶

男性

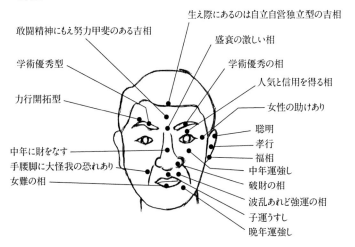

生え際にあるのは自立自営独立型の吉相

盛衰の激しい相

敢闘精神にもえ努力甲斐のある吉相

学術優秀の相

学術優秀型

人気と信用を得る相

力行開拓型

女性の助けあり

聡明

孝行

福相

中年に財をなす

中年運強し

手腰脚に大怪我の恐れあり

破財の相

女難の相

波乱あれど強運の相

子運うすし

晩年運強し

女性

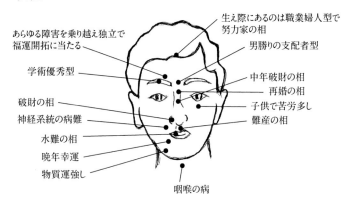

生え際にあるのは職業婦人型で努力家の相

あらゆる障害を乗り越え独立で福運開拓に当たる

男勝りの支配者型

学術優秀型

中年破財の相

再婚の相

破財の相

子供で苦労多し

神経系統の病難

難産の相

水難の相

晩年幸運

物質運強し

咽喉の病

易断の極意秘伝

　結婚、恋愛、相性の吉凶のポイントは、三爻、四爻が共に
陰にして、二爻、五爻が陰陽になった場合、良縁にして大吉
であると決定されます。

　又、変爻によって、上記のようになる場合も吉であると占
断します。

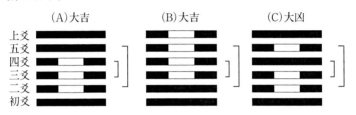

（A）　三爻、四爻が陰で二爻、五爻が陰陽、結婚、恋愛、相
　　　性、共に良い、大吉
　　　　　　風雷益

（B）　三爻、四爻が陰で二爻陽にして、五爻陰なるも、大吉
　　　なり。
　　　　　　地沢臨

（C）　三爻、四爻が陰と陽で話まとまらず、又二爻陰にして
　　　五爻陰の場合、相性悪く、縁なしと判断する。
　　　　　　火雷噬嗑
　又、二爻陽にして、五爻陽の場合も大凶と判断する。

但し、下記のように本卦は地天泰（ちてんたい）にして変爻が三爻の場合、三爻の陽が陰になるので、縁あり、相性よし、話し合いがつき、円満にまとまると判断する。

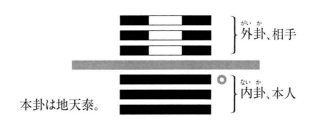

本卦は地天泰。
外卦（がいか）、相手
内卦（ないか）、本人

　地天泰之卦（ゆうか）九三爻（こう）。

　九は陽を表し、上図の場合四爻が陰なので、もし変爻が四爻ならば、**地天泰之卦六四爻**と書く。

　六は陰を表す。

　内卦は本人、当事者を表し、外卦は相手を意味する。

　表面の話し合いは、三爻、四爻で見る。

　三爻、四爻が陰であれば、話し合いがまとまる。

　二爻、五爻は、おたがいの心の中、心理状態を表す。

　故に二爻、五爻が、どちらか陰で片方が陽なれば、陰陽相通（あい）ずると申し、吉を意味します。

　以上は易断する中で一番重要なポイントです。

運勢の盛衰と循環

運勢の周期

（1）　潜運●

　　積極よりも消極で吉を得る

（2）　開運◐

　　冬をしのいで花咲く春を待つ時

（3）　喜運○

　　喜び多き年なるも有頂天になるな

（4）　生運（平運）◑

　　安泰なるも常に前進後退に注意

（5）　盛運○

　　今までの計画が実を結ぶ時

（6）　休運●

　　野心を起こさず安全第一主義が吉

（7）　死運（滞運）●
　　　たい

　　沈滞がち、進むよりも退いて勝て

（8）　進運○

　　喜び多き年なるも警戒が第一

（9）　吉運○

　　事業、結婚など、進んで万事吉

周期判別法

（1）	潜運●	1歳	10	19	1 + 9 = 10
（2）	開運◗	2歳	11	20	2 + 0 = 2
（3）	喜運○	3歳	12	21	2 + 1 = 3
（4）	生運（平運）◗	4歳	13	22	2 + 2 = 4
（5）	盛運○	5歳	14	23	2 + 3 = 5
（6）	休運●	6歳	15	24	2 + 4 = 6
（7）	死運（滞運）●	7歳	16	25	2 + 5 = 7
（8）	進運○	8歳	17	26	2 + 6 = 8
（9）	吉運○	9歳	18	27	2 + 7 = 9

人相についてのポイント

（一） 目について

"目は心の鏡なり"

"目は口ほどにものを言い"

運勢の波にのって活気のある時、目は輝いています。

大きい目　明るい性格で勘がよく、音楽その他の芸能に優れ
たセンスを持ち、表現力もあり、恋を語るのが楽
しい人です。

黒目の位置

上眼

意志が強く、
鋭さが伝わってきます。

下三白眼

我が強く、気性が激しい。
積極性が度を越すと敵を作りや
すくなります。

上三白眼

陰険、利益のためには手段を選
びません。
犯罪者に多い。

（二）　角額

　男性的な顔です。

　几帳面、実務的、真面目、で実行力があり、社会の実情に通じています。女性は職業が主となり、愛情が従になりがちです。

（三）　眉の見方

長い眉　毛並みが美しくて長い眉は、親兄弟の縁があり、常識的で誠実な人です。

長命でもあります。

短い眉　親兄弟の緑が薄く、社会に出たり、結婚するに際して、自力で道を切り開いていきます。

三日月眉　男性でこの眉の人は、覇気がありません。

女性は、やさしく、感情も豊かで家庭的です。

八の字眉　抜けているようでも要領がよく、案外人から援助を得られ、運を開いていきます。金運は強い方です。

一文字の眉　積極的で無造作、周囲の人を省みません。

自分の思うことをズバリ実行に移すタイプです。

への字の眉　男性は精力的で、仕事も熱心。目的に向かい最後までやり抜きます。女性は女傑型です。

尻上がりの眉　頑固で粘り強く、最後まで頑張り通す意志の強い人です。愛嬌はありませんが、成功出来るタイプです。

　眉の中にホクロがある人は、聡明です。

　眉の中に傷があると、親しみがなく、兄弟運に恵まれません。

　眉の白毛は、老境になって生えるのが自然です。若くて白毛が生えたら、とくに健康に注意する必要があります。

頭髪より先に眉毛が白くなるのは、凶相です。

眉に長い毛があるのは長寿です。

（四）　鼻を読む

鼻筋のきれいな鼻

まじめで、几帳面、より高いものにあこがれます。

段鼻

鼻筋の中ほどが一段高く、段のついた鼻です。

男性は闘志があり、意地っ張りで義憤を感じやすく人と妥協しません、強情で、個性も強く攻撃的。女性は身勝手です。

袋鼻

釣り型で肉がぽってりついている鼻です。

先天的に金を作るコツを心得ていて、抜け目もなく、金銭欲の強い人です。人の言うことなど気にせず、目的のために

は手段を選びません。

小鼻　　　　　　　　

　鼻の左右のふくらんだ部分を言います。
　ここは金庫の役目をするところです。小鼻に充分肉がつい
ていれば、生活が安定し、お金に不自由しません。小鼻が狭
く肉づきの薄い人は、体力も弱く、お金に関する執着、経済
観念がないため財的苦労が絶えません。

（五）　口に表れる相の見方
大きい口　欲望が強く、野心に燃える自信家です。
度量の広さ、胆力の強さを持ち、同時に動物的本能の強烈さ
も兼ね備えています。
小さい口　度胸がなく、小心です。消極的で物事を自分の判
断で処理出来ません。依頼心が強く、引っ込み思案で、生活
力もありません。
　口は大なれば大量大胆、小なれば少量小胆である。

人一代の守本尊

十二支別

子年生まれ　千手観音

　　　　　　　縁日　十七日

丑年生まれ　虚空蔵菩薩

　　　　　　　縁日　十三日

寅年生まれ　虚空蔵菩薩

　　　　　　　縁日　十三日

卯年生まれ　文殊菩薩

　　　　　　　縁日　廿五日

辰年生まれ　普賢菩薩

　　　　　　　縁日　廿四日

巳年生まれ　普賢菩薩

　　　　　　　縁日　廿四日

午年生まれ　勢至菩薩

　　　　　　　縁日　廿三日

未年生まれ　大日如来

　　　　　　　縁日　八日

申年生まれ　大日如来

　　　　　　　縁日　八日

酉年生まれ　不動明王

　　　　　　　縁日　廿八日

戌年生まれ　阿弥陀如来

　　　　　　　縁日　十五日

亥年生まれ　阿弥陀如来

　　　　　　　縁日　十五日

守護霊について

　守護霊とは、三つの霊体の総称である。

　即ち、「指導霊」「司配霊」「背後霊」を総称しているのである。

　守護霊は、人間だれでも生まれながらに持っているものです。

指導霊　これは人間の一生、とくに仕事、運勢、生き方などに大きな作用をあたえるものである。

司配霊　これは、だいたいにおいて、祖先の霊である、そのほとんどは、人間を守っている。ときとして、怨念をもった祖先の霊であると、かえって人間に害をあたえることもある。この司配霊の強弱によって、悲運にも幸運にもなるとさえ言われている。

背後霊　これは悪い霊で、これがあまり強いものだと、一生をめちゃめちゃにされてしまう。この霊の場合、人間霊だけでなく、動物霊のこともあるので注意が必要である。

　守護霊に、善い霊と悪い霊とが、いっしょになっているのは、人間に善心と悪心とが紙一重であることに表現されていると言われるし、まったく、そのとおりであると思います。

お客様との会話について

　鑑定室に入ったら、必ず神殿に向かって一礼してから、お客様に対面する。

　お客様に対して、「何を観られますか」「何でも言って下さい」と話します。

　客は「何々を、みて下さい」と言います。

　その場合、例えば「運勢」とか「結婚問題」とか言えば、その件について鑑定します。

　中には、いくつも例えば、「運勢」とか「職業」とか「結婚」「恋愛」「健康」など、いろいろ言った場合、「運勢」とか「職業」とか「結婚」など、一件ずつの鑑定となると話すことです。

　例えば鑑定料が一件について、金、五千円也ならば、二件で金、一万円也となりますと言えば宜しいです。

　相手の客が、感じのよい方ならば、その儀にあらずです。

　鑑定士の気分で決めるも良いです。

　霊術に結びつけるように最後には心掛けて話すことです。

　鑑定がすめば、にこやかに笑顔で客の心が開くように楽しい会話も大事なことです。

　そのような客は、必ず再び来られます。

運命周期を占う法

生まれる日による運命周期表もそのひとつです。

例えば三日生まれは「3」、十日生まれは「1」、二十六日は、2＋6＝8、即ち「8」、十九日だと、1＋9＝10でこれも「1」と考えます。

つまり二桁の生まれ日の人は、ふたつの数をばらばらにして、その数の和を見るわけで、二十九日であれば2＋9＝11…2という具合に、すべて加算した数の合計を見ます。

すべてどれかの系数に含まれます。

その係数から、運命の変動周期——境遇の変化や何かの事件がその人に起こると考えられる年齢（満年齢）——を調べることになります。

生まれ日による系数早見表								
系数	1	2	3	4	5	6	7	8	9
生まれ日	1日	2	3	4	5	6	7	8	9
	10	11	12	13	14	15	16	17	18
	19	20	21	22	23	24	25	26	27
	28	29	30	31					

運命周期表は次のページです。

年齢（満年齢）

運命周期表									
系数	1	2	3	4	5	6	7	8	9
境遇の変化や事件の起こりやすい年齢（満年齢）	7歳	7歳	3歳	4歳	5歳	6歳	2歳	8歳	9歳
	10	11	12	10	14	15	7	17	18
	16	16	21	13	23	24	11	26	24
	19	20	30	19	32	28	16	35	27
	24	23	39	22	41	33	20	44	36
	28	25	48	28	50	39	25	53	45
	34	29	57	31	59	42	29	62	54
	37	34	63	37	68	51	34	71	63
	43	38	66	40	77	60	38	80	72
	46	47	75	46		69	43		81
	52	52	84	49		78	47		
	55	56	93	55		87	52		
	61	62		58			56		
	70	70		64			61		
				67			65		
				73			70		
							74		
							79		
確率の高い生まれ月	1月 7 8	1月 7 8	2月 12	1月 7 8	6月 9	1月 5 10	1月 7 8	1月 2 7 8	4月 10 11

親指のポイント

　親指の各指節の長さは、「知・情・意」のバランスを表す。

　親指をさらにくわしく分析すると、下の図のように三つの部分に分かれます。

親指各指節の持つ意味とは

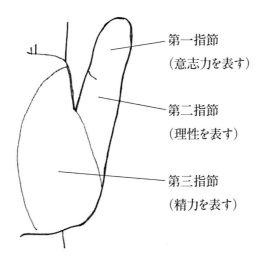

第一指節
（意志力を表す）

第二指節
（理性を表す）

第三指節
（精力を表す）

　第一指節（指の先端の節）では意志力をはかります。

　第二指節は知性、理性の強弱を見分ける部分です。

　第三指節は、親指のつけ根の金星丘がそれにあたります。人間の根源的な衝動や欲求、言いかえれば精力を表すところで、この中には愛情の強弱も含まれます。

第一指節

　この長さは、意志力に比例すると考えます。長いものは、それだけ意志が強く、短いのは、自己をコントロールする力の不足や意志力の欠如を表します。

　第一指節の型から言うと、幅広いのは、頑固で、これが短い人は、気分的にいつもむしゃくしゃする人です。

　平らなものは、神経質ですが温和で、人を支配しようなどとは考えません、反対にここが厚い人は、興奮しやすく、けんか好きです。細いものは、上品で洗練された人です。

第二指節

　この長さは、理性に比例します。長ければ理性が強く、短ければ理性が弱いものです。

　この部分の形は二種類に分けられます。

（親指の形）

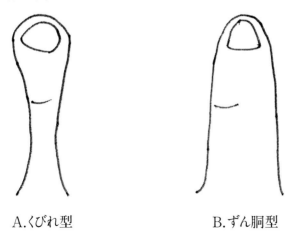

　　　A.くびれ型　　　　　　　　B.ずん胴型

図のＡのように、細くくびれて女性の腰を思わせるものと、Ｂのように中年男性の腰のようなずん胴型があります。

　Ａの場合、知力が発達していて如才がなく、反面、受容力のある開かれた心を持っています。

　Ｂの場合、自分の思いこんだことに固執する頑固で閉ざされた心の人ですから、自己反省することをきらいます。

おもしろい点

　いつも親指をかくすように、手を握っている人、これは生後まもない乳児に見られるように、まわりに対して自我を主張するまでにはなっていない人で、逆に言えば社会から自分を守るだけで精一杯な、つまり臆病で、慢性の自信喪失症（そうしつしょう）におちいっている人です。

　その喪失の理由にしばしば性的欠陥——短小などによる劣等意識などがあります。

　このような男性とは、結婚しないほうが賢明です。

鑑定士の心得、接客態度

（一） 神仏を信じ、心静かに、広い目で物（用件）を見る、よく考え、真剣に神による易断（神易）をあおぎ自信を持って話すことです。

（二） 客の心を読み、客が何を思い、迷い、考えているか、察する。

（三） あまり話したがらない客に対しては、鑑定の結果、当方が一方的に話せば良いです（一方通行のように）。

（四） 結果的に客に有利になるように、又、客の心を察して、客の喜ぶ結果を得られるように霊術を勧めること。

（五） あらたかな霊術をすることによって必ず好転し、吉、喜びが得られることを強調すること。

（六） 問診も大事、客の用件について、どのような状態か聞き出すことも大事。客になんでも話をさせることなど、おおいに参考になります。

（七） 客の秘密を守ることが大事です。

小成八卦の象

八卦	☰	☱	☲	☳	☴	☵	☶	☷
正象 象	天	沢	火	雷	風	水	山	地
卦徳	剛健	悦	明智	奮動	伏入	陥険	静止	柔順
人間	父	少女	中女	長男	長女	中男	少男	母
方位	西北	西	南	東	東南	北	北東	南西

接客方法

安い客のあつかい方

　一年間に数人、安い客がいます。

　例えば、現在持ち金が少ないとか、手相、だけ観てほしいとか言って来る客がいます。

　その場合、観相と言って、手相、人相、骨相、を指しますが、手相をみれば、人相も骨相も同じですから、手相での判断を重点とします。

　客に対しては、料金を戴いてから、まず、生命線、感情線、その他の線の名称を言ってから、あまり手相にて、くわしく話をせず客に向かって、手相というものは、私の目で見える範囲で話をするのですから、くわしいことはわかりません、易を立てると、くわしくわかりますよ、と一応、客に言ってから、手相上の話をします。本当は、手相でもくわしく話が出来るし、くわしくわかりますが、客には、半分だけしか話しません、例えば、生まれながらの天命は幸せが大きいですが、現在の手相においては、運気が弱く、何事も初めだけうまくゆくが、途中で大きなじゃまや、反対にあうなどと話します。

　いつ頃、気をつけた方が良いかとか、どうすれば、うまく、好転するかは、手相によっては、くわしくわかりません、お客様の御都合の良い時、一度、易を立てて鑑定した方が、こまかいこともわかります。と話をします。

　例えば、何月頃気をつけた方が良いかなど、易断でわかりますよと、次回をうながします。

　以上、手相だけの客に対しては、早々に鑑定を終わらせる

ことです。

　何か、客が一身上のことで質問すれば、それは、易を立てなくては、わかりませんと話し、又の来館をうながします。

　例えば、女性客で私の結婚はいつ出来ますか、

　答、　男性運が悪く、このままだと、友人は出来ても結婚は出来ない、などと話します。

　女性客は、大変、気にします。

　手相では、そこまでしか話さないことです。

霊術

客の念願する霊術についての心得・そのポイント

　霊術には、種々、多々ありますが、どの霊術（霊法）にしても、次に記す事柄を心に止めておくことです。

　例えば、客の依頼で、念願成就の霊術に入った場合、後日、一歩でも客の心理的にプラスになっていれば、喜ばしいが、その逆の場合、霊術の効果がなかった場合にても、客に対しては、「これから良くなる」とか、今が一番大事な時で、今後「好転する」と話します。

　その後、まだ後日、効果が表れていなかった場合、「この上の霊術」例えば、斉火霊術とか鳴動霊術などをしましょうと、又「霊術」に引っぱるのです。

　取り組みやすい客に対しては、百獣の王ライオンのように、自信充分に、その客を上手に霊術執行に話を進めるのです。必ず、話がまとまりますよ。

　努力しましょう。

浮遊霊 （悪霊）

　浮遊霊とは、人の運を悪くしたり、災難をもたらす悪霊にして、字のごとく、ふらふらしている霊で人にすぐつき、祟るのです。

　山や、川、湖、又道路、線路上で死亡し、浮かばれず成仏出来ずにいる霊です。

例1

　客に対して、あなたを守っている守護霊の横に浮遊霊が、あなたについているので、あなたに、不運、不幸がこれからも数年続きますと話をすると、必ず客は、ビックリして、暗い顔になります。

　客は、どうすれば良いかと必ず聞きます。

　それに対しては、霊術の中の一つである。除霊をすすめるのです。霊を除くのです。そして、守っている守護霊の霊力を高めるのです。

　以上のように話し、悪霊をとれば必ず、すべてが好転し、運が開き、することなすこと、うまくゆくと話します。

　即ち、転禍招福となると強調することです。必ず、霊術の依頼があります。

　「除霊・浄霊」の霊術執行となります。

ポイント

　客に、相手に対して、あなたに幽霊、即ち浮遊霊がついていると話せば、必ずビックリして、除霊をたのみますよ。

　自信を持って話せば、まとまります。

十二支

子年生まれの人

　交際は円満です。女性は柔和でおとなしそうに見えますが、反面非常に意地っぱりなところがあります。

　又嫉妬心が強烈なので、色情に端を発して縁が変わることがあります。

　物質欲が旺盛、でコツコツ小金を積みます。一生金銭に不自由しない。

　　相性　吉——辰、申、丑生まれの人

　　　　　凶——卯、午、未、酉生まれの人

　　守本尊———千手観音

　　　　　　　縁日十七日

丑年生まれの人

　一般に喜怒哀楽をすぐ表情に出す、正直な人が多い。

　性格は片意地なところがあり、一度言いだしたらあとに引かない頑固さがあります。

　根が正直で、人の好さがあるので、人の信用は失いません、二十代は争いごとを起こしがちですが、二十七、八歳から三十四、五歳にかけて幸運をつかみます。慢心するのは禁物。不動産を残すのが賢明です。

　　相性　吉——子、巳、酉年生まれの人

　　　　　凶——辰、午、戌年生まれの人

　　守本尊———虚空蔵菩薩

　　　　　　　縁日十三日

寅年生まれの人

　男はいうまでもなく女性も、非常に男性的で、侠気と熱
情に富んだ親分肌で人の頭となるタイプ。

　「武士は食わねど高楊枝」

　男性はこのように典型的な男子ですが、内心には意外に女
性的な性格を蔵していて、女性は、反対に内心は男性的で積
極性と意志の強さを持っています。

　相性　吉——午、戌年生まれの人。

　　　　凶——巳、申年生まれの人。

　守本尊———虚空蔵菩薩

　　　　　　縁日十三日

卯年生まれの人

　性格は穏健で、慎み深いのですが、一面遠慮がちで小心で
す。内攻的で不平不満となり、「外づらのよい人」

　家族には冷淡です。

　男女とも愛欲が強い。

　相性　吉——未、戌、亥年生まれの人

　　　　凶——子、辰、午、酉年生まれの人

　守本尊———文殊菩薩

　　　　　　縁日廿五日

辰年生まれの人

　正直者で感受性が強く、同情心が豊かです。

　又情熱家でもあります。

　繊細で優美な感情の持ち主です。

　多情多感で愛欲にも強い。

晩年には財運にも恵まれて物心ともに安楽な老後を送ります。

相性　吉——子、申、酉年生まれの人
　　　凶——丑、卯、戌年生まれの人
守本尊———普賢菩薩
　　　　　縁日廿四日

巳年生まれの人

外見は淡泊な感じですが内面はデリケートで感受性が強く、感激性でしかも忍耐力に富んでいます。

金銭にも一生不自由しません。

男女とも嫉妬深く、疑心の強いのが欠点。

「お天気屋さん」です。

相性　吉——丑、酉年生まれの人
　　　凶——寅、申、亥年生まれの人
守本尊———普賢菩薩
　　　　　縁日廿四日

午年生まれの人

明るい福相を持っていて、つねに陽気で快活です。しかし、ものを言うのに率直さがなく、一般に派手で、意地っぱりで短気で移り気、人の好き、きらいが極端です。

男女とも多情で愛欲に強い。

馬が一度倒れると自力では立ち上がれないのと同じように、この年生まれの人も、いったん没落すると再起は困難です。

相性　吉——寅、未、戌年生まれの人、

　　　　凶——子、丑、卯年生まれの人
　守本尊———勢至菩薩
　　　　　縁日廿三日

未年生まれの人

　優雅でおとなしく、感受性が強く、考えを率直に表現しません。「孤独がち」

　男性は女性的な面が多く、女性は口数が少なく静かですが、それでいて気の強いところがあります。

　一度いやになるとがまんが出来ず、恋人や配偶者とも簡単に別れる人もいます。

　相性　吉——卯、午、亥年生まれの人
　　　　　凶——子、丑、戌年生まれの人
　守本尊———大日如来
　　　　　縁日八日

申年生まれの人

　「木を見て山を見ない」傾向があります。

　あきやすく、なにごとも間口が広く奥行きのないのが欠点です。

　社交家で世話好きですがこの人の交際には実がなく、俗にいう調子のよい人柄で「ウソ」が多く、信用を失う、男女共早熟で、情事で失敗する。又、やきもち焼きで、抱擁力なく、他人の成功や幸福をそねみ、ときには、復讐心を抱く、心のせまい者が多い。

　女性は「ウソ」を言う傾向が多く、「口は禍のもと」という格言を肝に銘じて下さい。

肉親縁は薄いです。

相性　吉——子、辰年生まれの人。

　　　　凶——寅、巳、亥年生まれの人

守本尊———大日如来

　　　　　縁日八日

酉年生まれの人

顔立ちが整い、みるからにいきいきしています。

利口で悟りが早く、なにごとも器用な才人が多い、清潔好きなので、いつも身ぎれいであかぬけした感じです。

派手好みで、生来福禄豊かな星の下にあるので、物質には不自由しない幸福者です。

企画性、独創性に富んでいる。

「どんなもんだ」と人を見下すような癖があります。

自意識が強くなり、我意を主張しすぎるため、しばしば他人と衝突を生じます。自尊心が強烈なため、人に頼ることをきらい、自力でことを進めます。

一本気なところがあるなど、きわめて個性的です。

「才子才におぼれる」ようだと失敗します。気をつけましょう。

相性　吉——丑、辰、巳年生まれの人

　　　　凶——子、卯、年生まれの人

守本尊———不動明王

　　　　　縁日廿八日

戌年生まれの人

性格は義理堅く、正義感が強く人格的にすぐれています。

仕事にも忠実で非常に几帳面です。

「水清ければ魚すまず」のたとえのとおり、あまりにもスキがなくて人から敬遠されることがあります。

負けずぎらいで、根が義理堅いだけでなく、同情心も強いので、そこを利用されて損な役回りをすることに用心することです。

総体的に早熟な人が多く艶福家（えんぷくか）です。

元来、忠実で誠意があります。

相性　吉――寅、卯、午年生まれの人

　　　凶――丑、辰、未年生まれの人

守本尊―――阿弥陀如来

　　　　　縁日十五日

亥年生まれの人

この年の人も正直で、潔癖で、一徹なばかり、曲がったことを嫌います。

本人は損な性分だということを百も承知しながら、「頑強に妥協しない」性格です。

根が熱心で無頼の凝り性で、経済意識が強く、計算高いです。必要を認めれば巨額の出費もいといません、

頼まれごとにはいやと言えない弱い面があり、義理人情を重んじます。生来、肉親思いです。

相性　吉――卯、未年生まれの人

　　　凶――巳、申年生まれの人

守本尊―――阿弥陀如来

　　　　　縁日十五日

黒子（ホクロ）の位置と運勢

掌の中心（手のヒラ）

　掌の真中にあるのは立身出世の吉相です。

　女性は選ばれて玉の輿に乗る運勢を持っています。

指にある場合

　男女とも知恵と才能に恵まれていることを示します。

胸

　黒い黒子は大吉ですが、赤いのは短気で記憶力薄弱の相です。女性で乳房にあるのは、子供を剋す意味があり、母乳の分泌のよくないことを示します。

腹、腰

　多情、好淫の相です。

臍

　夫婦縁が親密で強固なことを示します。

背骨の脇

　夭折の相です。早死に、若いうちに死ぬ意味です。早世。

陰門

　淫欲旺盛の相ですが、臍に近い位置にあるのは吉相です。

　肛門に近い場合は男運に恵まれず孤独に暮らす運勢を示します。

足の裏

　衆望をになう大指導者となる吉相を示します。

掌（手のヒラ）と指の長さのバランス

　掌と指の比率は100対75〜80というのが標準です。つまり、掌（中指のつけ根から、手首の線のうちもっとも掌に近い線まで）を100とすると、指が75から80というのがバランスのよい割合なのです。

指が標準より長い場合

　精神的、思索的な傾向が強いことを示しています。

　このような人は繊細な神経とシャープな観察力、批判力の持ち主です。主義、思想を持った主体性のある人で、かつ意識内容の高い論理性のある人です。したがって、印象、ムードなどに鋭い感度を必要とするような仕事に適した性格です。

標準より短い場合

　精神的な活動より、実践行動により強い性格で、とくに物質欲の旺盛なことを示します。

　考えたときは行動に移っているタイプですから、生活には迫力があり、活気に溢れている、その反面、短兵急で粗忽な点はまぬがれず、人情味に欠け、思いやりのないのが欠点です。

指

親指

五指のうちで最も重要な意味を持っています。

人間の精神生活を支える三大要素、知、情、意、が親指に表されているのです。

つまり、親指は、精神状態や知能の深浅などに応じて変わってくるのです。

大きさと節

長さ、幅、厚みなどを総合した親指の大小による性格の相異はつぎのようにまとめることが出来ます。

大きな指の人

（１）　理知的で頭脳がすぐれている。

（２）　積極的に実社会に対応する処世能力がある。

（３）　性格が強く、支配的、指導的立場に立てる素養に恵まれている。

小さい指の人

（１）　本能的、感情的で、万事に消極的。

（２）　耽美的で感傷に流れやすい。

（３）　性格が弱く、他人に従属し、支配されて一生を終わる傾向が強い。

食指（人さし指）

食指は、向上心、プライド、自信、権威欲、支配欲などを表します。

食指の持つ本来の意義を強く表す理想的な型は、先の四角な食指です。

加えて道徳心に富み、誠実で信義に厚い、律義な性格を表すのがこの型の相です。

先細りの食指

直感性、鋭い感受性の豊かなことを示しています。

がっちりと太い食指

指導力と支配欲を暗示し、政治家、大事業家など長となるにふさわしい人であることを表します。

中指

先細りの中指

直感性を表します。つまり考えるより感ずるほうにすぐれた素質を持っています。

先の四角な中指

几帳面で律義な性格を表し、この指の人は信望を得ることの出来る人です。

中指が曲がったり歪んだりしている人

道徳心に欠け、思慮分別のない相で、意志薄弱で無気力な人ということになります。

薬指

先細りの指

金銭的な面の顕著な表れで、この型の人は経済観念が発達し、物質運に恵まれる人です。

指の先がヘラのようになっている人

活動性、独創性がありバイタリティーに富んだ芸術活動を行います。

長さ

　薬指は中指の中ほどにくる程度の長さが標準です。

　これより長ければ、審美的な素質はさらにすぐれ、名誉心も旺盛です。成功の相と言えます。

長すぎて中指と同じ人　それ以上の人

　自意識過剰で、やたらに功をあせり、栄達のみ追って失敗します。

短かすぎる人

　平凡、俗悪で無気力の相です。

小指

　親指と合わせてみることによって、その人の性格を知るうえで重要な指です。ことに、小指はその人の先祖からの遺伝が明確に顕示されるという点で特徴的です。

　この指は、言語、知能などを集約した表現力と交渉、駆け引きなどの社交手腕を表します。

先のとがっている小指

　表現力、説得力の豊かさ、優秀さを表しています。この型の小指の人は、弁才があって人を動かしたり取り入ることが巧みで、講演家、講師、教師、外交員、芸能人に適している。

四角い指

　常識、実務などの才を表します。この型の人は、てきぱきとした事務的手腕、交渉能力、科学的才能に恵まれています。

不格好な小指の人

　表現能力を欠き、交渉ごとが苦手で、社交性がありませ

ん、この型は、無口で陰うつな性格を表しています。

長さ

　小指の長さは、薬指の第一節に伍するのが標準です。

　これより長い人は、小指の持つ意義がさらに強調されますから、雄弁、能弁で、社交界に外交舞台にすぐれた才能を発揮します。

長すぎる人

　駆け引きに偏執(へんしゅう)するあまり、誠意が不足し、つまり結果的に他人をあざむくことにもなりかねないので、信用を失墜することになります。

標準より短い小指

　環境への順応性や物事を臨機応変に処理する柔軟性を表します。

極度に短い小指

　表現能力なく、いたずらに不平不満をもらすタイプです。又意志表示の出来ないまま、ずるずると相手のペースにはまってしまう弱さがあります。この人は子縁が薄く、子供に恵まれないか、又恵まれたとしても、その子のために苦労するといった人です。

掌の丘

　指のつけ根などの、掌の中で盛り上がっている高い部分を丘と言います。

木星丘

（食指の下部）の表す意味

　この部分は、支配、権力、名誉への欲望を表します。これらの野望は成功の要素です。

（1）　発達している人

　独立自尊の気概に富み、他人に従属することをこころよしとせず、自分の意志で人生を切り開き、人の長となる素質に恵まれています。

　明朗闊達で、苦難によく耐え、不退転の意志で目標に進む頼もしい性格です。生来、人に頼られる長たる器ですから、実社会で成功者となるタイプです。

（2）　発達しすぎている人

　若いころから向こう意気強く、浪費癖、暴飲暴食型、暴君的な素質、早熟早婚の傾向あり。

（3）　発達していない人

　野心も小さく、依頼心強く、自分の人生にあきらめを持っているタイプで到底成功は望めません。

土星丘

（中指の下部）の表す意味

　この部分は、思慮、分別、勤勉性、実直さ、又は警戒心、社交性、神秘性を表します。

（1）　発達している人

思慮分別があり、知識欲も旺盛です。忍耐力も強く、勤勉家です。

周囲の信頼を得るタイプ。

神秘的な研究心もあり、千里眼（せんりがん）的な才能を持っています。

（2）　発達していない人

早合点や性急な独断が多い。

義理、人情を軽視し、猜疑心（さいぎしん）が強い

太陽丘

（薬指の下部）の表す意味

この部分は、審美感覚、独創性、愛情、魅力、経済、財産、高貴、名声などを示します。

（1）　発達している人

芸術一般に対する、すぐれた素養才能あり、情操豊かな人。感受性強く、情熱的で金運にも恵まれます。

浪費の傾向あり、利殖、蓄財は出来ません。

（2）　発達していない人

美的センスがない、野暮なタイプ。無粋（ぶすい）な人が多い。

水星丘

（小指の下部）の表す意味

この部分は、研究心、表現力、社交性、経済性、商業的才能、素質を意味します。

（1）　発達している人

頭の働きが活発で、才智（さいち）に富み、表現力、説得力にもすぐれています。社交も巧みで、とくに経済観念が発達していま

す。交渉、駆け引きを武器とする商取引の舞台で敏腕を発揮します。

（２）　発達していない人

頭の回転悪く、表現力なし。社交的性格でない。

ツキのない人生を送ります。

金星丘

（親指のつけ根）の表す意味

この部分は、「親指の第三指」のところで述べるように情の深さを表します。即ち、愛情、友情、情愛、同情といった心の温かさがあるかどうか、又寛容さ、和合の心などの程度を表し、家庭や健康を判断する基礎にもなります。

（１）　発達している人

春風のような心情を抱く情味豊かな人です。

親愛、友情、性愛すべて健全で心も広く明るく、物事をすべて善意に解釈して、万人から愛される人です。

（２）　発達していない人

薄情で暗い陰気な感じを人に与えます。

我欲が強く、他をかえりみない、孤独な人。

月丘

（金星丘と向かい合っている丘）の表す意味

この部分は精神的な愛情、空想、想像力、文学的、美術的素質、神秘への関心度などを表します。

（１）　発達している人

良い意味での空想的タイプ、物事に対する判断もスピーディーです。

（2）　発達していない人

　いわゆる「勘(かん)」のにぶいタイプ、幸運な生涯は送れません。

第一火星丘

　火星丘には第一火星丘と第二火星丘があります。

　第一火星丘——アクセル

　第二火星丘——ブレーキ

　第一火星丘は勇敢、積極性、意志、胆力、などの男性的性格を表しています。

（1）　発達している人

　積極的な行動力に富み、決断すれば、即座に行動に移し、最後まで貫徹する気概にみちている、たくましい生活力の持ち主です。

（2）　発達していない人

　おとなしいのは良いのですが、意気地なしで自己主張出来ない、典型的な「男らしくない男」で生活力が弱い人。

第二火星丘

（火星丘と月丘の中間部）の表す意味

　第一火星丘が前進の強さを意味するのに対し、この丘は現状を守る内面的な強さを意味しています。即ち、忍耐力、自制心、克己心、冷徹さなどを表します。

（1）　発達している人

　外からの障害、困難にも強く耐えるとともに、内からの不満、欲望、焦燥などをも冷静に制御出来る人です。

（2）　発達していない人

持久力に乏しく、苦境を持ちこたえる地力のない人、悲観的、厭世的になる弱い性格です。

火星平原の表す意味

　丘を除いた掌の凹んでいる部分を火星平原と言います。

　火星平原の肉の厚い人は生活力が旺盛です。意志も強く、自我も強く、わがまま、横暴でこの点を自省することです。

手相術の占い方

結婚線のポイント

　結婚運を示す線で、結婚の相手に恵まれるか、生涯縁遠いのか、初婚で終わるか、再婚型か、あるいは婚期や、結婚生活の幸、不幸など結婚に関するあらゆる運勢の吉凶を表すものです。

（1）　理想的な結婚線

　線が明瞭で美しく、水平に伸びている人は、良縁に恵まれ、明るい幸福な結婚生活を送ります。しかも、人生の運が結婚によって開けることを示し、この線が左右両手にあるのは、吉運豊かな、もっとも理想的な型です。

（2）　わずかに現れている結婚線（短い結婚線）

　孤独な結婚運を表します。つまり、よい伴侶に恵まれないばかりか、たとえ恵まれても愛情関係が不安定で、結婚生活の幸福が永続しません。

（3）　同じ長さの結婚線が二本あるもの

　二本の線がはっきりしている場合は、愛情豊かな温かい結婚生活を示していますが、同時に何らかの事情によって再婚、再縁の羽目になる運命をも暗示しています。

（4）　長さの異なる線があるもの

　二本の線の長さが異なるのは、愛情の三角関係を起こす可能性を示しています。

　この場合、強く長いほうの線が結婚を表しており、もし上の線が強いのは結婚前に異性交渉を持つ人を示し、上の線が弱いのは結婚後に第二の異性交渉を持つ可能性を暗示しています。

（5）　短い線が数多くあるもの

　愛情をもてあそぶたいへんな多情家であることを示しています。したがって、健全で平和な家庭生活を維持することはむずかしいでしょう。

　運命線が悪い場合は、孤独な晩年を迎えます。

（6）　先端が薬指に向かって上昇しているもの

　上上吉の結婚運を示しています。

　女性の場合は、いわゆる玉の輿に乗るといった吉運です。

（7）　先端が下を向いて感情線にぶつかっているもの

　意中の人、許婚者に恵まれても、死別されるとか、配偶者の病弱が原因で不運な結婚生活を送るといった不吉な相です。

（8）　先端が掌の中央に下降しているもの

　愛情の不足、情感の冷却によって結婚生活が破綻するという暗示です。

　あるいは、相手の心身いずれかに思いがけない変化が起こって結婚生活が終わることを表しています。

（9）　先端が上昇して太陽線と接しているもの

　名誉、地位、財産などのある成功者、あるいは人気者、知名人などと結ばれる幸運を予言しています。

　男女とも、結婚によって、自分の地位も上昇するという吉相です。

（10）　切れ目のある結婚線

　愛情のもつれなどによる結婚生活の中断、挫折を表します。

（11）　副線のあるもの

　結婚線の半ばあたりの位置にもう一本の線のあるもので、

これは、結婚生活が中断し、ふたたび元のさやに納まるという復活の意味を示しています。

（12）　先端が二股（ふたまた）に分かれているもの

　別居生活、離婚を表し、先端が二本とも下を向いている場合は、いっそうこの意味が強まります。

　又、下の線が下向して、感情線にまで伸びている場合は、相手と死別するか、生別する運命が約束されています。

（13）　鎖状（くさり）になっているもの

　結婚によって得るところなし、この線は結婚生活の幸、不幸以前の問題で、本質的に結婚には不適格な運命を背負っていることを示しています。

副感情線（金星帯）

　薬指と小指の中間に達する弓状の線で、別名金星帯とも呼ばれます。

　副感情線は「エロスの線」とも言われるように、一般的に好色で肉欲に強いことを示すと言われます。

　愛情関係とくに男女関係をみるうえでは重要です。

（1）　理想的な副感情線

　食指（人さし指）と中指の間から、薬指と小指の間に伸びているのが理想的です。とくに運命的に影響するほどではありませんが、概して利己的です。この型の副感情線を持っていて、金星丘が張っているのは情熱的な性格を示しています。

　金星丘の隆起が適正である場合は、道徳的、宗教的傾向の強い表れです。

（２）　結婚線と金星帯が接触しているもの

　不倫の恋に陥（おちい）る暗示がありますから、この線のある人は異性との間にとかく、トラブルを起こしやすいようです。その上頭脳線が良くない人は、情欲に目がくらんでもてあそばれたり、口車にのるおそれがあります。

（３）　副感情線（金星帯）があり、感情線の良くないもの

　情にもろく、ほだされて誘惑に負けやすい傾向を示します。女性の場合は、感情に走り、ヒステリー症になりやすい性格です。

（４）　副感情線が何本も表れているもの

　根っからの好色家で肉欲が強く、情事による誤ちを繰りかえします。多情で、いちど燃えると自制がきかないため、不倫な関係を結ぶ可能性が濃厚です。

（５）　金星帯が切れ切れな線をなしているもの

　性的な異常性を示すもので、浮気、多淫（たいん）などの表れです。したがってこの型の人も情欲にまつわるトラブルを多発させますが、多くは男性にみられるようで、女性の場合は、感情家、ヒステリーが多いとはいうものの、性的な異常を示しません。

（６）　副感情線（金星帯）が切れ切れで、感情線に細かい枝線や、乱れのあるもの

　肉欲にかてず、色情に盲目的となり、動物本能的に行動しがちです。まかりまちがうと変態性のそしりをまぬがれません。

（７）　金星帯が断続し、頭脳線に島があるもの

　色情狂、色魔（しきま）などの悪評をまねきかねないほど、愛欲に没入します。

（8）　金星帯が切れていて、そこに＊、※型があるもの

　過度の肉体関係によって表れる場合が多く、又怠惰な性格<rt>たいだ</rt>を示しています。このしるしの表れる人はそうろうの傾向があります。

　一般的に言って、副感情線（金星帯）を持つ人は、感受性が強く、感情に波のある神経質のタイプで、情欲に関する空想や連想をたくましくする人が多いようです。

希望線

　人間だれしも自分の人生に希望を抱いて生きています。

　それぞれの望みや野心が実現するかどうかを示しているのが希望線です。

希望線の表す意味

　希望線とは、食指の下の木星丘に表れる線で、食指（人さし指）に向かって上昇している強い線のことです。

　この線は向上心、野心、希望の強さを示すもので、木星丘が発達していて、この線がはっきり表れ、乱れがなければ、その人の向上心が旺盛であることを示しています。

（1）　理想的な希望線

　このように、一本の強い線がはっきりと刻まれているのが理想的な希望線で、これは強固な向上線を示している吉相です。

（2）　何本もの長短の希望線のあるもの

　この型の希望線は、人一倍望みの多い野心家で現実には迷いが多く、成功に縁遠いタイプです。

　その中にとくに長いはっきりした（縁）線が出ている場

合、望みを一点にしぼって邁進(まいしん)すれば、希望達成も困難では
ありません。

（3）　希望線の上に十字（＊、×、※）が出ているもの

　これは、思いもかけない運命的要因で、望みが実現する吉
相です。

　又、線のわきに、十字あるいは、※、※印が出るのは、こ
れも野心、希望が達成される兆(きざ)しです。

三大線の流年図

数字は年齢を表す

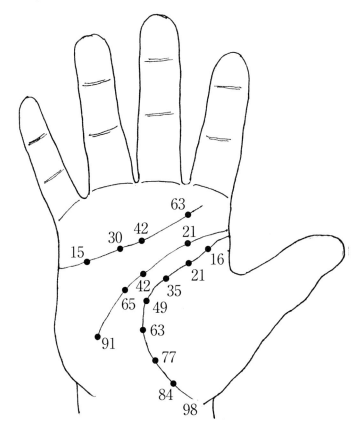

生命線の出発点（起点）の位置の意味

重要ポイント

（1） 食指（人さし指）に近く、上部から出発しているもの

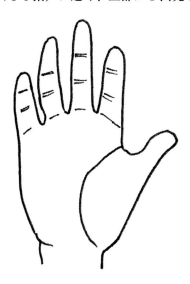

　この場合は野心的で、向上心、功名心も旺盛なので、万事
積極的に処理する勤勉家です。

　概して長寿成功型と言えます。

（2）　親指に近く、下部から出発しているもの

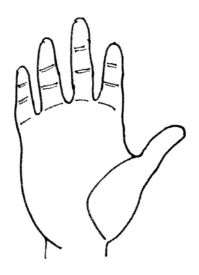

　積極的な意欲を欠き、覇気（はき）が足りません。自制心が欠如（けつじょ）しているので、とかく反抗的で人と争いを起こしやすい性格です。
　頭脳線が良くない場合は狂暴になりかねません。

（3） 出発が食指（人さし指）に近い上部にあるもの

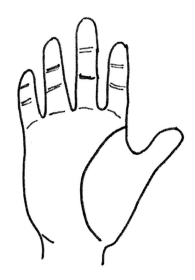

　野心にあふれた自信家で、積極的な行動家です。常に自已を制御しつつ、向上を目ざして不断の努力をする勤勉家です。

　志望達成型で長命です。

易の六十四卦

総評　大吉　◎印

　火天大有、山天大畜、風沢中孚、地沢臨、天火同人、
　風火家人、沢雷随、風雷益、地風弁、雷水解、風山漸、
　風地観、

総評　吉　○印

　乾爲天、雷天大壮、地天泰、天沢履、水沢節、沢火革、
　雷火豊、山火賁、地雷復、火風鼎、火水未済、風水渙、
　地師水、沢山咸、地山謙、沢地萃、火地晋、水地比、
　坤爲地、

総評　半吉　◗印

　風天小畜、水天需、兌爲沢、火沢睽、雷沢帰妹、山沢損、
　水火既済、震爲雷、山雷頤、雷風恒、巽爲風、水風井、
　山風蠱、天水訟、山水家、天山遯、水山蹇、艮爲山、
　天地否、雷地予、

総評　凶　●印

　沢天夬、離爲火、地火明夷、天雷无妄、火雷噬嗑、
　水雷屯、天風蠱、沢風大過、沢水困、坎爲水、火山旅、
　雷山小過、山地剝、

117

血液型の占い

運命や性質、相性の研究テーマとして発達してきたのが血液型の占いです。

A型の性質

几帳面、慎重で責任感が強く、保守的な完全主義のタイプです。思いやりがあり、旺盛なサービス精神で周囲によく気を配りますが、反面自己抑制力が強くて、優柔不断なところもあります。内心は臆病（おくびょう）なので取り越し苦労も多く、ささいなことにくよくよしますが、孤独には強いようです。

B型の性質

細かなことには、むとんちゃくで、自由を好み縛られるのを嫌います。

型破りな行動力と独創性を持ち、独断で物事を進めるため自分勝手と思われがちです。ユニークなアイデアに富んでいますが、非現実的な楽天主義のタイプです。早呑み込みで、そそっかしい一面がありますが、失敗しても気分転換が早いので、精神的にはタフなようです。

AB型の性質

割合神経質で冷静淡泊な合理主義のタイプです。

ソフトで柔順な心情とクールで理性的な資質、又つのない人当たりなどがAB型の特徴で、協調性にも富んでいます。

批判力、分折力にも優れ、奉仕の精神も旺盛ですが、衝動的な面もあり、物事に対する執着心が薄く、優しさと冷淡さ

を併せ持っています。

O型の性質

　直感力と集中力があり闘争心も旺盛ですが、さっぱりとした気性の持ち主でもあります。よく人に尽くし、目的意識を持って努力する行動的な現実主義のタイプです。

　ロマンチストなわりには思い切りがよく、自己主張自己表現が強いため、親分肌に見られがちです。

　情熱的かつ大胆ですが、性格的には意外に単純です。

愛情に成功する男女の相

　異性にあこがれた恋情が、楽しく続くか、それとも冷たく裏切られるかは、本人や相手の人相がそれを物語っている。

大きい眼

　愛情に感じやすく、恋愛の演技には自信があり、いたずら気なモーションで相手を惑わしたり、愛の刺激を求めて恋愛の遍歴者になる。

　恋には成功する。

受け口

　下唇がにくたらしく出ているのは、口先と本心が異なり、不利と思えば意外な態度に出る、心を打ち明けて恋を語るには、初めから食い違いがある。

三角眼

　三角眼の男は金銭だけで愛情を買いとろうとする。女は情があってもその表現がぎこちなく、相手を感動させることが不得手なので恋は成功しにくい。

口の両端

　口の両端があがり気味になっている女は、常に若々しく恋に成功して幸福になれる。

　この相の女を持てば恋の喜びは長く続き、男の運も良くなる。

厚い唇

　この唇の恋人は、濃厚な愛情を求めてやまないし、恋のためにはどんな犠牲をも惜しまない。
　徹頭徹尾、愛情にこたえてやるならば、その恋は成功する。

薄い唇

　上唇がきわめて薄い恋人は、愛するより愛されることを待っている。積極的に持っていくと愛情が燃えあがるが、消極的だと愛情が立ち消えになる。

三白眼

　黒眼があがって白眼が多い人は、異常な愛情と残忍性があり、強い刺激で愛し合おうとする。おとなしい異性と合わず、肉感的な人との恋は長続きする。

泣き顔

　自分から進んで恋人を作ろうとする気持も湧かず、相手からの恋も避けるような態度をとって陰気になる。
　恋はよそ事となり失敗もなければ成功もない。

尖ったあご

　尖ったあご同士の異性は趣味が合い、理想の恋を求めるが、ささいなことから別れてしまう。

十二支

　前述（前記）した十二支につけ加えたエトですので、覚えて下さい。

子　年の人は愛嬌がある、その上に細かなことに気がついて、無駄づかいせず、掃除好きで、身辺常にきれいだが欲が深くて、とかく苦労して貯めた金も色事で失い、人に倒される心配がある。

丑　年の人は、辛抱強くて根気よく、口数少なく信用あるのが成功の基となる。但し好き嫌いが極端で、押しが強く、人に憎まれやすく、腹が立つ時は止めようがないが、何事も自制が肝要である。

寅　年の人は、考え深くて慈悲もあり人の長と敬まれもするが、かえって高ぶり過ぎ、剛情我慢が強く、気ままがちで、とかく目上と事を争うのが損の基である。

卯　年の人は、お世辞と愛嬌があって人気もあり、福徳円満と見えるけれど思わぬ遠慮や色事のためにも苦労があり、とかく物事をやりっ放しになる癖を自制することが肝要である。

辰　年の人は、人には立てられ、威勢がよく、何をさせてもてきぱきし思わぬ人の引き立てあれど、お世辞がなくて、気短かで、負けず嫌いが損である。

巳 年の人は、考え深くして、口かず少なく智恵多く、金に一生不自由はないけれども、ただ見栄を飾り、疑いと妬む心のあるのがきずである。

午 年の人は、他に対して調子がよく、世辞は上手で、人気もあり、人に立てられて金まわりはよいが、口が軽くて陽気なばかりで根気がなく、うわべを飾る癖が欠点である。

未 年の人は、人を憐れみ、品も良く、多芸であっても高ぶりもしないが、とかく遠慮がちにて取り越し苦労多く、つまらぬことに気をもみ、危ぶみ過ぎて迷う臆病が弱点である。

申 年の人は、小才も利き器用だからよろずに人の気をそらさぬうちは安泰に過ごせるが、何をしてもあきやすく、人を侮り、意地が悪く、褒められもするが損の多いのが弱点である。

酉 年の人は、考え深くて、何事にも、あれもこれもと忙しく働きながら世を送るばかりで気が変わりやすく、物事にしめくくりがなく、身分に余る大望を抱いて損をするのが欠点である。

戌 年の人は、義理を守って、人のためには正直に、陰日向なく、信用が厚いかわりに、強情我儘で、一刻者

だから、骨折り損が多くて、常にくよくよ思い、心偏屈となるのが欠点である。

亥年の人は、侠気もあり、潔白で、物事にしめくくりがよくて、大望もよく貫くぼどの強い気性でありながら、とかく後先見ずの強い気性で、気早にて、かえって人に憎まれ、大損をするおそれがある。

病気について

六三を知る法
<small>ろくさん</small>

　医者が診ても判らぬ、もちろん薬も効かない、こんな時は六三にかかっているのである。

　六三を知るには自分の年（数え年）を九で割り、残る数に当たる所に病気があったなら、それは「六三」である。

　例えば四十歳の人ならば（四九）三十六引くと四が残る、四は胸部に当たる。そこでその人の病気が胸部の疾患であるならば「六三」である。

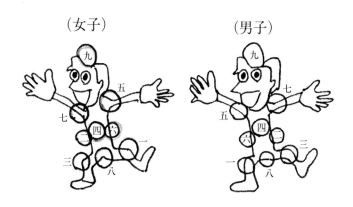

（女子）　　　（男子）

　九は頭、五七は肩、六、二の脇、四は腹、八は股、一、三の足という歌がある。

六三の病気の除け方

　豆腐一丁を当人の年の数だけ賽(さい)の目に切り、御神酒(おみき)一合、醤油少々を添え、日頃信仰する神仏に供えて祈念し、

　　「五王ある中なる王にはびこられ
　　　病(やまい)はとくに逃(とな)げ去りにけり」

　という歌を十遍唱え、柏手四打、礼拝九回、三口御神酒を頂き、豆腐を五切食し、残りは川又は海へ流すのである。

生命線の長さについて

　生命線は長いほど健康で長命なことを表しています。とくに、金星丘にそって手の第一手頸線まで伸びている人はたいへん長命です。さらに、それが手の甲にまで届いていれば、百歳以上の寿をまっとうするでしょう。

　逆に生命線の短いのは短命の相です。しかし、この場合も、頭脳線、感情線が健全な良い相を示していれば、なんら心配はありません。

生命線の終点の位置

　生命線の終点は、流年法により、生命の終点の時とされています。しかし随所で述べるように、運命は本人の努力と環境によっては、充分変革の余地が残されているのですから、あくまで「運はみずから開くもの」という信念のもとに、心身を練磨することです。

　又、終点が金星丘の下部のほうでなく、月丘の方に向かっているのは、住所や職業の変更を表しています。

生命線のカーブ

（１）　ゆるやかにカーブしている場合

　（第一図）　次ページに記す。

　健康で活力に富み、知能もすぐれています。

　情熱を持っていますが、わがままな面があり、又愛情に欠ける性向があります。

（２）　急カーブで直下している場合

　（第二図）

金星丘に近くカーブしている人は、物質欲が弱く、なにごとも精神的です。それだけに実生活のうえでは積極的な意欲に乏しく、身体も丈夫なタイプではありません。

（3）　生命線が下降して月丘に向かっている場合

（第三図）　下記の図

第二図の型と同様で、精神主義に傾きすぎるため、金銭に恬淡とし、万事に執念と意欲が欠けます。

したがって、物質的に恵まれず、身体も脆弱なほうで、病気をしても治るまでに時間がかかります。

（第一図）　　　（第二図）　　　（第三図）

頭脳線

頭脳線はその人の知的能力を示す線です。

即ち、洞察力、判断力、推理力、直感力など、あらゆる頭脳活動の性質を表し、その優劣を示します。

頭脳線のいろいろ

（1）　生命線とすれすれに近接して、その上部から出発しているもの（第一図）

自信にみちた活動家で、自制心もあり、着実に目標に向かって前進する行動力に恵まれています。

依頼心（いらいしん）が少なく、独立自尊の精神に徹した典型的な男性的性格と言えます。

社会の荒波をどうどうと乗り切る成功型です。

（2）　出発点が生命線と同一のもの（第二図）

このタイプは頭脳優秀で、デリケートな神経の持ち主です。それだけに、用心深く、慎重で、軽挙妄動しませんが、一面果敢な行動力に欠けるうらみはあります。石橋を叩い

（第一図）　　　　（第二図）　　　　（第三図）

て、もう一度叩くといったタイプですから、大きな失敗はおかさないかわり、しばしばチャンスを逃がすことにもなりかねません。

（3）　生命線の下から出るもの

　常識も豊かで、計画性があります。又、デリケートな感性の持ち主ですが、デリケートを通りこして神経過敏なところがあるので、些細（ささい）なことに興奮し、感情に走る傾向があります。取り越し苦労、依頼心、ひっこみ思案、お人好しなどの欠点のため、優秀な頭脳を持ちながら、現実面ではその力を充分に発揮出来ないきらいがあります。

（4）　頭脳線が生命線の出発点とかけ離れた上部から出発しているもの（第三図）

　これは思慮の深さより行動力の強さを示し、その程度は、生命線との間隔の広さに比例します。即ち緻密（ちみつ）な考えや、周到な準備がなく、単に意欲のおもむくままに冒険的な行動に出る人で、これが度をこすと、無謀（むぼう）、無鉄砲ということになります。

頭脳線の長さ

　頭脳線の長短はそのまま頭脳の優劣を示し、長いものがすぐれています。同時に、この線の長いのは味覚の発達をも表しています。

　頭脳線の短い人は、知的能力が低く、又視覚、聴覚、嗅覚、味覚、触覚のいずれかに欠陥があります。

　生命線、頭脳線ともに短い場合は、虚弱体質、短命ということになります。

（1）　頭脳線の末尾が下向きになっているもの

　下向きであればあるほど、精神主義的な性格であることを示しています。

　現実の生活行動のなかでも、つねに、思慮、思索が主となっています。

（2）　末尾が上向きになっているもの

　前者とは反対に、物欲的で、実利的な性格です。意志のあるところ必ず実行が伴い、実状にあわせて身を処する才能をもっています。

　とくに第二火星丘に上向いている人は、利にさとく、物質的欲望が旺盛です。

　火星丘に向かっている人は男女ともに商売上手ですが、知的労働や芸術的労作には不向きです。

（3）　生命線に平行し、火星平原で終わるもの

　思考が空想に傾き、非現実的で行動力もなく、気魄に乏しい人です。

　依頼心が強く、独行力を欠くため、実社会を乗り切る力のない人とみるべきでしょう。

頭脳線の末端の変化

（1）　頭脳線が二股に分かれているもの

　才能の二面性を示しています。つまり、両親の相違した才能を顕著に共有しているのです。勘が働き交際上手で、事にあたっては決断力の鋭いところを発揮します。

（2）　頭脳線が二股に分かれ、上の線が上向いているもの

　商才に恵まれているうえ、創造性も豊かなので商売、営利事業などの分野で成功するタイプです。

（3）　頭脳線の末端がフォーク状に分かれているもの

　繊細な神経を持っていますが、移り気で、落ち着きのない
のが欠点です。

感情線

感情線の表す意味

　感情線は心情線、愛情線などとも言われる線で、その人の
すべての感情の動きを示します。

　即ち、感情の性質、その強弱、あるいは単純であるか、複
雑であるかなどがこの線に表れています。

　「人間は感情の動物である」

　知能にすぐれていても感情を度外視した生活や人間関係は
あり得ません。

　人間の情の分野を受けもつのが感情線で、喜怒哀楽はもと
より、いっさいの感情の動きがこの線に表れるのです。

　なお、感情線は心臓の病気の有無なども示します。

感情線の長さ

　感情線は長ければ長いほど性格の情的度合が強いことを表
しています。

　感情線が長く、その下の頭脳線も長いのは、理想的な型
で、これは情におぼれず理性だけを重視せず、適切な判断を
下すことの出来ることを示しています。

　ただし、極端に長いのは、情が細かすぎるため、それが災
いして失敗の原因をつくります。

　感情線が長く、頭脳線の短い場合、やはり情にもろいた
め、愛情問題で行きすぎを生じたり、逆に情け容赦もなくな
ったり、とかく摩擦や係争が多くなる傾向がみられます。

　感情線の短いのは、生理的には心臓の弱いことを表し（気
弱し）、心理的には冷淡で愛情が稀薄なことを示します。

利己心が強く思いやりのない性格の人に多くみられます。

感情線の終点の位置

（１） 終点が食指の下部、木星丘に伸びているもの（第一図）

　愛情が豊かで、同情心が強く、友情にも厚い人です。男性の場合は道義心に富み、純情ですが、女難の相ですから気をつけて下さい。

（２） 終点が食指のつけ根に伸びているもの（第二図）

　ひじょうに愛情深く、清純な心の持ち主で、直情的な面があり、いったん信じたら、どこまでも疑わないため、裏切られることが多いタイプです。

（３） 感情線が木星丘の外側に伸びているもの（第三図）

　このように極端に長い感情線は愛情が過度に強いことを示しています。

　そのため、独占欲が盛んで嫉妬深くなり、物事を自分本位に考えがちです。

　愛情問題ではとかくこの傾向が強まり、トラブルを生じます。

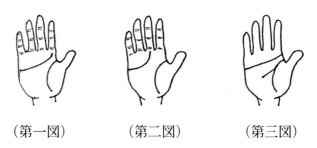

　（第一図）　　　　（第二図）　　　　（第三図）

（4）　食指と中指の中間に伸びているもの（第四図）

　愛情はきわめて厚いものの、良識に富み、慎重で誠実な人柄です。

　愛情関係にあっても、つねに誠意をもって接しますから、トラブルや失敗は、ほとんどありません。

　身体的には早熟型で、心臓は丈夫です。

（5）　中指の下、土星丘に伸びているもの（第五図）

　愛情は厚いが、どちらかというと肉欲偏重の官能的な性格です。

　又利己的な傾向もあるので、他人の思惑や感情に頓着<ruby>頓着<rt>とんちゃく</rt></ruby>なく、盲進<ruby>盲進<rt>もうしん</rt></ruby>するところがあります。それでいて、熱しやすく冷めやすい一面があるので、真の愛情をかちとることがたいへんむずかしい人です。

（6）　薬指の下に伸びているもの（第六図）

　広い意味での愛情というより、性愛が強い人です。しかも強引で身勝手です。

（第四図）　　　（第五図）　　　（第六図）

（7） 終点が土星丘と木星丘の中間に止まっているもの（第
七図）

　愛情はあっても、抑制心が強いため表
現が控え目です。
　異性に対しても消極的で進んで意志表
示をしようとしません、

（第七図）

（8） 終点が生命線、頭脳線の出発点に合流しているもの
（第八図）

　頑迷で激情的なのに加えて思慮が浅い
ため、家庭でも社会生活でも円満な心の
つながりを維持することが出来ません、
それでいて、他人に利用されるお人好し
の面もある損な性分です。

（第八図）

感情線の末端の変化

（１）　末端が二股に分かれ、一本が木星丘、一本が食指と中
　　　　指の中間にはいっているもの（第一図）

　愛情は豊かですが、けっして愛情におぼれることなく、節
度を守る理想的なタイプで恋愛の勝利者となることを示して
います。

（２）　末端が二股に分かれ、一本が木星丘に、一本が下降し
　　　　て第一火星丘に向いているもの（第二図）

　熱しやすく冷めやすい性質なので、愛情に永続性がなく、
恋愛も破綻のくるのが早まります。

（３）　末端が三本に分かれているもの（第三図）

　愛情が分散する八方美人型です。

　しかし、これは幸福な愛情に恵まれる相でもあります。

（第一図）　　　　（第二図）　　　　（第三図）

感情線に枝線のある場合

（１）　末端近くに枝線のあるもの（第一図）

　愛情のこまやかな吉相です。

（２）　感情線から下向する多数の枝線のあるもの（第二図）

　愛情に悲哀のつきまとうしるしで、枝線の数が多いほど、
その度合は強まります。

これは恋愛にも障害や困難が生ずることを示します。

（３）　枝線が数本上に向かっているもの（第三図）

　愛情問題に関しては至極明朗で、楽観的です。それでいて、幸福な関係を築いていきます。この人は恋愛だけでなく友情にも恵まれ、愛情に関しては、生涯幸運なめぐり合わせです。

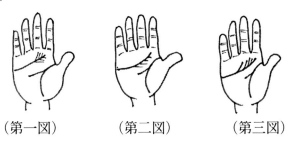

（第一図）　　　　（第二図）　　　　（第三図）

（４）　感情線の出発点の上下に枝線のあるもの（第四図）

　結婚問題で難題の生ずることを示しています。

　即ち、この線の人は、結婚に際して、親兄弟の反対、経済的な支障、同僚との摩擦などを生ずる可能性が強いのです。

（第四図）

平成九年拾壱月廿二日
　　　謹書　元龍

著者プロフィール

松浦 元龍（まつうら がんりゅう）

昭和43年〜　　　真勢派宗家　総本庁
　　　　　　　　大吉堂　管長
　　　　　　　　　真勢易断総本部会長
　　　　　　　　日本陰陽師会長
　　　　　　　　　東洋神易研究連合協会会長
　　　　　　　　真勢派神易学院　院長

平成14年 4月〜　扶桑教大教庁　少教正　教師

易学秘伝書　〜門外不出の陰陽道〜

2023年 1 月11日　　初版第 1 刷発行

著　者　　松浦 元龍
監　修　　松浦 美加
発行者　　瓜谷 綱延
発行所　　株式会社文芸社
　　　　　〒160-0022 東京都新宿区新宿1－10－1
　　　　　　　　　　電話 03-5369-3060（代表）
　　　　　　　　　　　　 03-5369-2299（販売）
印刷所　　株式会社晃陽社